[英]
乔希·瑞安-柯林斯（Josh Ryan-Collins）
理查德·沃纳（Richard Werner）
安德鲁·杰克逊（Andrew Jackson）
托尼·格里纳姆（Tony Greenham）
著

朱太辉　颜慧　张泽一
译

货币从哪里来？

WHERE DOES MONEY COME FROM?

A GUIDE TO THE UK MONETARY AND BANKING SYSTEM

图书在版编目（CIP）数据

货币从哪里来？/（英）乔希·瑞安-柯林斯等著；
朱太辉，颜慧，张泽一译．—北京：中信出版社，
2022.12（2024.2 重印）
书名原文：Where Does Money Come From? A Guide
to the UK Monetary and Banking System
ISBN 978-7-5217-2789-0

Ⅰ．①货… Ⅱ．①乔… ②朱… ③颜… ④张… Ⅲ．
①货币史－英国 Ⅳ．① F825.619

中国版本图书馆 CIP 数据核字（2021）第 032291 号

Where Does Money Come From? A Guide to the UK Monetary and Banking System By Josh Ryan-Collins, Tony Greenham,
Richard Werner and Andrew Jackson
Copyright © 2012 by Josh Ryan-Collins, Tony Greenham, Richard Werner and Andrew Jackson
Simplified Chinese translation copyright © 2022 by CITIC Press Corporation
ALL RIGHTS RESERVED
本书仅限中国大陆地区发行销售

货币从哪里来？
著者：　　［英］乔希·瑞安-柯林斯　理查德·沃纳　安德鲁·杰克逊　托尼·格里纳姆
译者：　　朱太辉　颜慧　张泽一
出版发行：中信出版集团股份有限公司
　　　　　（北京市朝阳区东三环北路 27 号嘉铭中心　邮编　100020）
承印者：　河北鹏润印刷有限公司

开本：787mm×1092mm　1/16　　印张：17　　　　　　字数：220 千字
版次：2022 年 12 月第 1 版　　　　印次：2024 年 2 月第 4 次印刷
京权图字：01-2021-1568　　　　　　书号：ISBN 978-7-5217-2789-0
　　　　　　　　　　　　　　　　　定价：68.00 元

版权所有·侵权必究
如有印刷、装订问题，本公司负责调换。
服务热线：400-600-8099
投稿邮箱：author@citicpub.com

目 录

序一　货币是信用问题　李　扬 / V
序二　货币供应的本质　查尔斯·古德哈特 / XVI

第 1 章　导言 / 001
1.1　关键问题 / 004
1.2　主要结论 / 005
1.3　本书结构 / 007

第 2 章　银行如何运转？ / 011
2.1　关于银行的困惑 / 013
2.2　对银行的通行认知 1：保管箱 / 014
2.3　对银行的通行认知 2：先吸收存款，再发放贷款 / 015
2.4　货币的三种形式 / 018
2.5　银行如何通过发放贷款创造货币 / 020
2.6　教科书中的描述：乘数模型 / 024
2.7　教科书模型存在的问题 / 027
2.8　货币实际上是如何被创造的 / 028

第 3 章　货币、银行的性质与历史 / 035
3.1　货币的功能 / 037
3.2　货币商品论：货币的自然性和中性 / 038
3.3　货币信用论：货币反映的是社会关系 / 044
3.4　重要的历史发展阶段：本票、部分准备金和债券 / 049

3.5　早期货币政策：通货主义辩论与 1844 年法案 / 057
　　3.6　20 世纪：黄金衰落、管制放松和数字货币兴起 / 061

第 4 章　今天的货币和银行业 / 073
　　4.1　流动性、古德哈特定律以及货币界定难题 / 075
　　4.2　银行作为信用货币的创造者 / 079
　　4.3　支付：使用中央银行准备金进行银行间支付 / 082
　　4.4　现金和铸币税 / 092
　　4.5　银行如何决定需要多少中央银行货币？/ 096
　　4.6　商业银行货币和中央银行货币一样好吗？/ 097
　　4.7　货币调控：回购、公开市场操作和量化宽松 / 100
　　4.8　货币管控：偿付能力和资本 / 109
　　4.9　小结：流动性和资本对货币创造的限制 / 115

第 5 章　货币创造和分配监管 / 117
　　5.1　防范资不抵债：资本充足率规则 / 119
　　5.2　流动性监管 / 125
　　5.3　证券化、影子银行和金融危机 / 129
　　5.4　金融危机是一场偿付能力和流动性危机 / 132
　　5.5　内生货币与外生货币 / 133
　　5.6　信贷配给、信贷分配和信贷数量论 / 135
　　5.7　银行信贷直接管制：国际案例 / 143

第 6 章　政府财政与外汇 / 147
　　6.1　欧盟与政府货币创造的限制 / 150
　　6.2　政府税收、借款与支出（财政政策）/ 156

6.3　政府借款对货币供应的影响："挤出效应" / 160
　　6.4　外汇、国际资本流动及其对货币的影响 / 164
　　6.5　小结 / 170

第7章　结论 / 173
　　7.1　货币的历史：信用还是商品？/ 175
　　7.2　什么算作货币：划清界限 / 177
　　7.3　货币是一种政府背书的社会关系 / 178
　　7.4　对银行监管和现行制度改革的启示 / 180
　　7.5　向有效改革迈进：需要考虑的问题 / 181
　　7.6　现行制度有替代选择吗？/ 183
　　7.7　理解货币和银行 / 188

附　录 / 189
　　附录1　中央银行的利率制度 / 191
　　附录2　政府银行账户 / 195
　　附录3　外汇支付、交易与投机 / 206

注　释 / 217
参考文献 / 241
致　谢 / 252

序一 货币是信用问题

李 扬

中国社会科学院原副院长
国家金融与发展实验室理事长
中国社会科学院学部委员

《货币从哪里来?》是由4位英国学者合作撰写的引导性读物,旨在介绍英国货币与银行体系。这本书浅显易懂,讨论了若干重大的理论问题。虽然,以"导论"来讨论大问题有"微言"之虞,但由于所涉问题重大,且结论简明,无伤"大义",还是值得一读。

一、 金融领域中的英国文献值得特别关注

我之所以愿意为这本书作序,主要原因有二。

其一,这本书是由几位英国学者,主要根据英国货币银行界的新实践撰写的。读者或许要问,为什么要强调"英国学者写的",这一点很重要吗?同样是英文文献,难道不是美国学者的作品更前沿和更有价值吗?然而,我的学术经历告诉我,在金融领域,英国

学者的文献往往更有价值。这首先是因为，金融作为盎格鲁－撒克逊文化的产物，在根源上发端于英国，因此，要理解金融的本质，了解很多复杂事务的来龙去脉，常常需要"返回"英国。例如，要研究现代中央银行制度，仅仅研究1913年美联储的成立以及《联邦储备法案》肯定是不够的；认真回顾英格兰银行的成立过程，分析1844年《英格兰银行法》（《皮尔条例》）的立法精神，或许更具借鉴意义。这是因为美联储的形成过程、产权架构和治理机制，几乎可以说世上无双，极难对照；而在体制、功能、政策工具和货币政策实施路径等方面，英格兰银行显然都更具可比性——若想"学点什么"，当然还是看看英国的研究为好。再如，2008年美国次贷危机以后，"宏观审慎"成为一时风尚。然而，在美国一方，我们只看到虚与委蛇；在英国，英格兰银行则围绕宏观审慎勾勒出一套独特的目标、手段等体系，基本构建出这个新机制的框架并为全世界所效法。笔者在2013年访问英格兰银行时，对此印象深刻。或许更重要的是，关注来自英国的文献还有一层更为现实的意义，这就是：英国的金融系统以金融机构为主，其中包含若干实行"总分行制"的大银行，基于这种体制产生的制度安排和理论概括，肯定与中国的实践更为接近，因而其中的经验可能更容易为中国理解和借鉴。在进一步深化金融改革的过程中，研究来自英国的文献，肯定会让我们有所收获。

其二，本书是"作者广泛查阅了500多个中央银行、监管机构和其他权威机构的文档、手册、指引和论文中的信息"写成的。这一点尤为重要。作为金融研究者，我很早就深深体会到：金融理论的前沿，从来就不在研究机构里，更不在大学课堂上，而是存在于那些直接与客户接触的柜台和业务谈判桌上。这些产生于金融活动最前沿的知识，最初都以文档形式不系且常常非正规地存放着。待这些文档稍具规模且经过进一步实践的检验和淘汰，形成稳定的规矩之后，便会形成各类机构的手册、指引等，成为第一线业务的遵循。等到这些知识被写进论文，再被固化进教科书时，它们显然已不再具备前沿性，而且，由于经过多层次的"抽象"，它们已经不再生动。

所以，要想了解近年来整个货币金融界的变化，最好的办法就是查阅那些在第一线从事业务的机构的文档、手册和指引。本书正是作者做了大量此类工作之后成文的，其中一定包含很多我们并不熟知，但对理解金融界最新发展十分有价值的真知灼见。这成为本书吸引我的又一原因。

二、从银行出发理解货币

强调银行在货币创造过程中的作用，是本书的显著特点。前文已述及，这是英国金融体系由若干实行总分行制的大银行主导的结果。不过，在以此为前提展开深入讨论之前，我们必须指出，英国的银行不是我国这种严格分业经营的银行，它们早就是混业经营的。

在书中，关于银行主导的表述俯拾皆是，例如："今天英国的大部分货币供应不是由国家、英格兰银行、财政部或皇家铸币局创造的，而是由少数以营利为目的的私人公司（即通常所说的银行）创造的。""银行在发放贷款的同时即在借款人的账户上创造了一笔新的存款。""只要公众对银行的稳健性有信心（这至关重要），银行就可以通过简单地增加借款客户的活期账户金额发放贷款……也就是说，银行通过创造货币来发放贷款。""银行完全有可能凭空创造货币和信贷。影子银行体系以无数种方式极大地扩展了这一原则……回购交易被称为另一种私人创造的货币，是影子银行体系的重要组成部分。"

以上引文表达了这样几层意思：一是货币主要是银行创造的，二是银行通过发放贷款来增加客户存款，而客户存款就是货币。特别值得注意的是，本书提到了包括回购交易在内的影子银行系统，并称它们"以无数种方式极大地扩展了这一原则"。我以为，以中性、客观的态度来看待影子银行，这种立场值得我们认真琢磨。

确认银行通过贷款创造存款（亦即创造货币）这一事实之后，本书讨论了一个非常重要的问题，即货币政策的局限性。具体来说，作者认为，货币政策在治理经济衰退方面的能力是不足的："货币供应实际上主要取决于借款人对银行贷款的需求。此外，当经济疲弱导致贷款需求较低时，利率会因此被下调至零，可用的银行准备金（在中央银行的存款）与商业银行贷款/存款之间的关系可能完全断裂。"这段话阐述的逻辑关系值得注意。首先，"货币供应实际上主要取决于借款人对银行贷款的需求"。也就是说，货币供应的创造虽然是银行和借款人共同参与的过程，但是，"总闸门"在借款人手中，而非银行、更非中央银行手中。这与我国的传统说法，即"中央银行是货币供应的'总闸门'"，大相径庭。其次，经济疲弱导致贷款需求较低，进而导致货币供给不足，因此，依赖货币政策来熨平经济下行的危机是力所不逮的。对此，本书用浅显的语言表述了"资产负债表冲击"理论架构最核心的观点——在经济陷入衰退时，企业和居民（借款者）无意借款，致使银行的贷款难以发放，货币当局的扩张性政策失去依托。遗憾的是，当下我们面临的正是这种情况。

三、账户的重要性

把创造货币的行为主要归因于银行,把货币的主体归结为存款,本书因此凸显了银行"账户"在货币体系中的关键地位。

从银行及银行账户的角度分析货币问题,显然是英国人的传统。其实,最早、最系统地揭示银行及其账户在货币体系乃至整个经济体系中的地位和作用的,是我们非常熟悉的宏观经济学的奠基人凯恩斯。现在我们知道凯恩斯,大多是因为他那部开山巨著《就业、利息和货币通论》(简称《通论》),其实,按照好几位凯恩斯传记作者的说法,英国学术界发现凯恩斯并惊为天才,是因为他那部两卷本的《货币论》的刊行。正是在这部著作中,凯恩斯系统阐述了银行存款作为货币的本质,以及银行账户作为真正交易中介的本质,进而揭示了货币创造的秘密。应当说,本书继承了英国这一传统。

从银行和账户角度分析货币有一个明显的好处,就是凸显了货币的支付功能,并揭示了货币的这一功能是在一系列相互连通的资产负债表系统中,通过账户的增减和移转实现的。

历史地看,货币最早呈现的功能之一便是支付中介。同时,货币形式的演进也主要发生在支付环节。早在 20 余年前,美国金融学家默顿(R. Merton)就缜密地研究了金融的功能,并列出了促进储蓄投资、提供支付清算、改善资源配置效率、防范和化解风险、提供价格和协调非集中化决策、处理信息不对称和激励问题六大功能。更重要的是,他同时指出:金融的所有功能中,有五项功能皆可被其他工具、机制或程序替代,唯有支付清算功能,永远不可被替代。这一分析,从理论上指出了支付清算机制对于货币的本质规定性。换言之，货币的秘密、货币的功能、货币的"创造"和"消灭"，深藏于银行资产负债和银行账户之中。遗憾的是，对于银行账户的全面分析，以及对于支付清算作为金融体系核心功能的分析，在美式金融学教材和我国的金融学教科书中，都是语焉不详的。而本书为我们弥补了这一缺憾。

支付清算是基于账户体系进行的。在账户范式下，交易可以涉及资产方或负债方的内部调整，也可以涉及资产方和负债方的同步调整。比如，银行向企业放贷，银行在资产方多了一笔对企业的贷款，在负债方多了一笔企业存款（而这笔新增存款就是新增货币供应）。在部分准备金制度下，这个过程可以持续下去，形成货币供给的多倍扩张。账户的维护离不开银行等金融机构，因此，银行等作为"信用中介"，必须确保持续地拥有高等级的信用。

在账户范式下，转账和汇款都涉及银行账户操作问题。比如，同行转账要同步调整交易双方在同一开户行的存款账户余额；跨行转账则除了涉及调整交易双方在各自开户行的存款账户余额外，还涉及两家开户银行之间的结算。同时，商业银行之间的结算，还须调整它们在中央银行的存款准备金账户余额。跨境支付涉及的银行账户操作更为复杂，但道理相同。

本书的优点之一，就是围绕账户和支付清算来探讨货币问题，使我们对货币问题的讨论不至于沦为虚空。

四、关于货币

本书既然以探讨货币之来源为目标，当然就会有大量关于货币定义、货币本质的讨论。不妨看看以下几段论述：

"定义货币极其困难。在本书中，我们从错综复杂的历史和理论争论中发现,任何被广泛接受作为支付工具的物品,尤其是被政府作为缴付税项的物品,都可以是货币。""货币的起源并不是正统经济学中所说的推动成本最小化的交易媒介,而是作为衡量王室欠款特别是税收债务的记账单位。正是因为国家拥有向公民征税的强制权力,才使记账单位成为货币的主要功能。"

这两段讨论有两个要点值得注意,其一,货币被定义为"任何被广泛接受作为支付工具的物品"。在这里,作者秉持十分包容且实用主义的态度;这体现了英国经济金融界的一贯风格。同时,由于诸多物品均可被认作货币,在实践中,特别是在货币政策的实践中,就需要将货币划分出层次。进一步来说,货币同实体经济的对应关系,同样也需要分层次加以细致分析,于是,货币政策的设计和操作,也须考虑货币层次问题。其二,"尤其是被政府作为缴付税项的物品",更可被认作货币。这段话的意思是,尽管很多物品都在一定范围内被当作货币使用,但是,那些直接与政府税收关联的物品更直接具有货币的品格。所以,在另一处,作者更是直接说道:"历史表明,判断货币可接受性的一个有用方法,是看你能否用它来缴税,以及更广泛地说,在整个经济体系中,能否用它来购买商品和服务。"

本书作者对货币与政府税收之间的特殊关系的强调,不免让我忆起近年来围绕《现代货币理论》(MMT)展开的争论。在那部饱受争议的著作中,作者写道:"政府拥有的最重要的权力之一就是征税(和其他上缴给政府的钱,包括费用和罚金)……为什么会有人接受政府的法定货币?因为政府的货币是缴纳和偿还政府的其他债务时,政府接受的主要(通常也是唯一的)货币。为了免受逃税的惩罚(包括进监狱),纳税人需要获得政府的法定货币。"这里的逻辑写得更清楚——货币之所以是货币,主要是因为政府允准公民持之履行自己的法定义务,即缴纳税款。在我看来,国内读者之所以对将货币与纳税义务联系在一起啧有烦言，主要原因是在中国，"纳税人"意识始终没有建立起来，致使纳税人和政府的关系、政府以课税和发行货币的排他权为基础来支撑其在经济上存在的本质等，都处于某种浪漫主义的状态中。

五、货币与信用

货币所以天然地与其"可持之缴纳税款"的能力联系在一起，还与另一个金融学的基本概念——信用——联系在一起。

关于货币与信用的关系，本书有多角度的分析，其中，如下阐述尤其值得推敲。这些分析浅显易懂，我们只需稍稍划些重点。

"在商品货币或铸币出现之前，这些文明古国已经使用银行系统数千年。正如大多数银行现在所做的那样，它们使用会计分录支付系统，也就是信贷和债务清单或记录……许多历史证据都指出：手写文字起源于记账……货币作为一种象征（token，也被称为代币），记录了债权人和债务人的社会关系，并不必然具有任何内在价值。""货币是基于借贷关系创造的，而非依赖或来源于基础商品的内在价值。""货币并不是随着市场自然运作'出现'或者'产生'的，实际上它是作为国家、公民以及银行之间的信用和债务关系被发行并流通的。"

这三段话非常重要，因为它们是在"正本清源"。其一，银行、借贷关系和信用等，早于货币而存在，因此，脱离信用和借贷来讨论货币，是无源之水。其二，货币从一开始就是社会关系，就是债权人和债务人之间社会关系的体现，与所谓的"内在价值"无关。

第一点是无须争论的，因为它十分可靠地由文字记载和考古发现支撑着。关于第二点，即货币与其内在价值无关的判断，则须稍做讨论。我们看到，绝大多数人（中国人尤甚）相信货币必须有价值，而忽视货币所体现的"信用"关系。事实上，在人类社会进入信用本位之前，多数人坚信货币有价值而且必须是有价值的；诸如金本位、银本位、复本位、金汇兑本位等令人眼花缭乱的货币制度安排，其根本目标就是为某种自身"无价值"的货币寻找可靠的"货币锚"，便是这种误读的理论体现。今天，国际社会每有风吹草动，便会出现某些恢复金本位之论，如今更有石油本位、天然气本位之论，应属痴迷。其实，对于被人们认为是"最完善的货币制度"的金本位，早就有学者（施瓦茨，2008）一针见血地指出："所谓 19 世纪末的金本位制，实际上是一种英镑/信用货币本位制……这种制度性结构，注定了金本位在经济中并不是中立的。"另有学者（金德尔伯格，2010）更具体地指出了这种制度的运行机制："这是一个被管理的体系，管理中心是英格兰银行……英镑汇票在全球交易或成为外国的紧密替代货币，而英镑利率则由伦敦操纵，所以，金本位制就是英镑本位制。"推演下去，如今的国际货币制度，更是不加修饰的美元本位制。而有些人坚称货币必须有价值更是没有道理的。仔细思索一下：在我们引为骄傲的"交子"这一"世界上最早的纸币"背后，可曾有任何的价值基础？中国历朝通行的铜币，有什么价值支撑吗？这些铜币自身的价值能够支撑其交换价值吗？如果认真思索，这些问题的答案都是否定的，结论是，数千年的中国货币史，其实是由国家信用支撑的。

深入分析"货币是信用"这个命题，其实它有更深的含义。诚如熊彼特所说，"我们可以说，所有的货币都是信用，但并非所有的信用都是货币……因此，我们需要的是货币的信用理论，而不是信用的货币理论"。这段论述，为我们讨论货币问题奠定了学术基础。

最近，在讨论国际金融市场上 LIBOR（伦敦银行间同业拆借利率)定价基础改革问题时,我写过一段话,可视为对此处讨论的延伸,现抄录于此,以为参照:"金融运行的深厚基础不是别的什么,而是信用。LIBOR 的发展历程不断在证明这一点。LIBOR 最终被替代,既是因为银行间的信用出现了问题,也是因为金融市场对无风险利率的诉求在上升。于是,以国债这种更高信用为抵押的回购交易,就成为银行间同业拆借这种以较低信用为基础的交易的理想替代品。需要指出的是,这样一个用更高等级信用替代较低等级信用的迭代过程还在继续。数字经济大发展之后,在很多国家,市场也开始对以政府信用为基础的金融活动提出疑问,于是就导致了比特币、稳定币等数字资产大行其道。关键原因在于,市场认识到,凡是有人参与的金融活动都有可能被操纵,都有可能被用来满足操纵者的一己之利,于是人们必然会设想:能否找到一个无偏无倚、人力所不能及的基础,也就是找到一个数字的基础、算法的基础,作为整个金融活动的基础呢?现在看来,这至少在理论上是可行的。若果真如此,货币、金融的未来必然还会面临更大的变革。"

在信用的基础上展开对于货币金融问题的讨论,会使我们少走弯路并看清未来。

六、货币的内生性和分类信贷数量理论

在本书中,最具理论色彩的当数对于货币供给内生性的分析以及基于货币供给内生性而阐发的"分类信贷数量理论"。

关于货币供给的内生性,本书的讨论相对简单:"指的是经济运行固有的过程。"从全书的内容来看,内生的货币指的是由银行通过向工商企业发放信贷而创造的货币。

关于"分类信贷数量理论",有一些思路值得借鉴。

本书从近年来一个越来越突出的事实切入：在现代社会中，进入市场交易的不仅有实物产品和劳务，还有越来越多的金融和资产。在这种情况下，不加分析地使用传统的货币数量公式（作者称为"原始公式"），即 MV = PY，是可能会出大错的，因为这里存在一个巨大的矛盾：越来越多的金融和资产是不被统计在 GDP 中的，而上述公式却是一个刻画货币流通与 GDP 之间关系的恒等式。作者指出："上面引用的原始公式考虑了所有交易，但金融和资产交易（例如抵押贷款融资）的规模可能是巨大的，且不属于名义 GDP 的一部分。因此，当货币越来越多地被用于支付此类非 GDP 交易时，传统定义的更新速度似乎不快。然而，传统的货币指标，如 M1 或 M2，不能被分割。"出现这种状况的基本原因是，"它们衡量的是货币存量，而不是流通中的货币和用于交易的货币"。

为修正这一缺陷，本书的作者之一提出了他的信贷数量理论，其基本思路是将货币流分为两类，一类用于 GDP 交易，一类用于金融交易。我认为，问题不在于将全部货币分成两类，而在于本书一直强调的银行通过信贷创造货币的机制。作者指出，经济发展不应依赖于外部借贷，而应"通过在自己的银行体系中创造信贷，并引导信贷流向生产性用途，来实现非通胀性增长"。

应当说，这是一个有一定可操作性的政策思路。当我们在为越来越多的货币供给不进入实体经济发愁时，不妨沿着本书的思路想一想对策。

序二 货币供应的本质

查尔斯·古德哈特

伦敦政治经济学院银行及金融学荣誉教授

货币绝非"万恶之源",而是经济体系运转不可或缺的。正因如此,雷曼兄弟倒闭引发了人们对银行体系崩溃的担忧,令人震惊与恐惧。清泷信宏(Nobuhiro Kiyotaki)和约翰·摩尔(John Moore)曾提出"罪恶是货币之源"*,虽然是诙谐之说,但却准确地描绘了事实。

如果我们总是能保证全额支付账单,那么每个人就可以基于自己的信用,通过开具借条来购买任何东西。但这种美好的状态是不可能实现的(虽然大多数标准的宏观模型考虑了经济主体基于自身信用进行交易的影响),于是我们将最可靠、最强大的债务人的短期(即期)债权作为货币。早期,最强大的债务人当然是政府,但也需要注意,当主权被推翻时国家货币的价值也会崩溃。货币本身是没有价值的,它的价值需要统治者的铸币税承诺来保障。然而,单单依靠政府来给每个人提供货币也有很多弊端,也许最重要的一

---

* 中文版可参见《比较》第4辑,北京:中信出版社,2003年。

点是，人们无法直接向政府借款。最终，我们转而寻求金融中介（如银行）为我们提供必要的信贷来源，以及可靠、总体安全且可接受的货币资产。

银行的存款货币是可靠和安全的，因为所有存款人都认为，他们随时可以把在银行的活期存款兑换成法定货币。这取决于银行对法定货币的完全使用权，而再次地，随着时间的推移，中央银行垄断了对这些基础货币（即法定货币）的控制权。正因如此，早期对货币供给的分析，主要关注中央银行创造的基础货币供给与商业银行提供的银行信贷、银行存款之间的关系，即银行乘数分析。

但实际上，中央银行一直试图控制的是利率水平，而非货币基础。因此，正如理查德·沃纳（Richard Werner）及其合著者乔希·瑞安-柯林斯（Josh Ryan-Collins）、安德鲁·杰克逊（Andrew Jackson）以及托尼·格里纳姆（Tony Greenham）在本书中明确指出的那样，货币供应实际上主要取决于借款人对银行贷款的需求。此外，当经济疲弱导致贷款需求较低时，利率会因此被下调至零，可用的银行准备金（在中央银行的存款）与商业银行贷款/存款之间的关系可能完全断裂。正如各国中央银行最近所做的那样，通过"量化宽松"（QE）向银行大肆注入流动性，并没有带来银行贷款或广义货币的大幅增长。

本书对以上这些主题做了生动而详细的阐述，为读者抽丝剥茧，澄清了对这些重要问题的误解。此外，作者还就当前的货币和银行业实践提供了许多深刻见解。当前我们在金融改革和监管方面面临着巨大挑战，为了找到更好的可选方案，准确、全面地理解货币体系如何运行极有必要。本书是一本非常好的指南，且适用于广大读者，不仅包括该领域的初学者，也包括政策制定者和学术研究者。

第1章

导言

> 对于一般民众来说,恐怕没有人乐于听到银行,或者英格兰银行,能够创造并毁灭货币。
>
> ——雷金纳德·麦凯纳(Reginald McKenna),英国前财政大臣,1928[1]
>
> 我觉得自己就像一个一直以来都在迷乱的丛林中奋力前行的人……虽然我的研究领域在世界上每一所大学都有课堂讲解,数量已经足够多,但是据我所知,还没有出版任何语言的专著,对现代世界中的代表性货币理论和事实进行系统而完整的论述。
>
> ——约翰·梅纳德·凯恩斯,1930[2]

自 2008 年国际金融危机以来，货币和银行对现代经济的重要性日益受到全球关注。然而，无论是一般民众，还是经济学家、银行家、金融记者和政策制定者，对新增货币是如何被创造的，仍存在广泛的误解。

这一问题之所以重要，主要有两方面的原因。首先，在对该问题缺乏共识和准确理解的情况下，任何对银行业改革的尝试都很可能失败；其次，创造新的货币和分配购买力是一项重要的经济功能，而且利润丰厚。因此，这是一个重大的公共利益问题，而非一场晦涩的技术辩论。更加清晰地解释这一关键问题，可以改进银行系统的民主合法性以及我们对经济的预期，或许更重要的一点是，还可以提高防范未来危机的可能性。

本书运用简单的解释、非学术语言和清晰的图表，揭示了如何使用更简洁的术语来描述货币和银行的作用。我们努力的焦点在于客观地回顾这一体系在英国是如何运行的，但我们仍不敢称之为完整或者权威。如第 3 章所述，要想深入理解这一体系，需要分析货币与银行的性质和历史，而这两者本身又包含一些主观因素。

在与英格兰银行工作人员、前商业银行工作人员商讨和研究的基础上，我们通过认真、细致的分析，形成了一个全面准确地理解货币和银行的框架。我们通过本书证明，我们的分析最契合货币银行体系运转的经验观察，正如它当前在英国的运转一样。

1.1　关键问题

相较于给出答案，2008年金融危机对我们国家的银行和货币体系来说，更多的是提出问题。除了提出围绕危机本身的问题，例如为什么会发生这种情况？我们怎样才能防止这种情况再次发生？同时，也对银行和货币的本质这一基本问题提出了广泛的质疑：

- 那些货币——带来"信贷泡沫"（从而引发此次危机）的货币——从何而来？
- 那些货币——造成"信贷紧缩"的货币——去往何方？
- 英格兰银行如何通过"量化宽松"创造3 750亿英镑的新货币？如此巨额的货币注入为何没能帮助经济快速复苏？
- 肯定有成本更低且更有效的方法应对银行业危机，而不是靠加重纳税人的负担或者迅速削减公共支出吧？

这些问题都很重要，同时隐含了一个更大的问题，也是本书的主要议题："在英国，货币是如何被创造和分配的？"这个问题似乎应该有一个简单且清晰易懂的答案，但在公共领域很难找到这样的答案。

1.2 主要结论

货币供给及创造

定义货币极其困难。在本书中，我们从错综复杂的历史和理论争论中发现，任何被广泛接受作为支付工具的物品，尤其是被政府作为缴付税项的物品，都可以是货币。这其中包括银行信用，因为尽管朋友间的借条不受税务局或当地商店的认可，但银行的借条是肯定被认可的。

新的货币主要是在商业银行通过发放贷款（包括透支）或购买现有资产扩大或创造信贷时产生的，在创造信贷的同时，银行也在我们的银行账户中创造了全新的存款，而这些存款实际上就是货币。

这种分析既不激进，也不新颖。事实上，世界各国央行对新货币来源的描述都是一样的——尽管通常发表在不那么知名的出版物上。

我们将英国的现行货币界定为三种主要形式，其中第二种以电子形式存在：

①现金——纸币与硬币；

②中央银行准备金——商业银行在英格兰银行持有的准备金；

③商业银行的货币——主要指商业银行以贷款、透支或购买资产的形式创造信贷时产生的银行存款。

只有英格兰银行或者政府可以创造前两种形式的货币，本书称之为"中央银行货币"或者"基础货币"。由于中央银行准备金实际上并不在经济中流通，我们可以将实际流通的货币进一步缩小到现金和商业银行的货币。

经济中实物形式的现金占流通货币总量的比例不到3%，商业银行的货币（包括信贷和共存存款）占其余的97%。

对银行业的普遍误解

对于银行是做什么的，人们存在一些相互矛盾的描述。最简单的版本是：银行从储户那里吸收资金，然后把这些资金贷给借款者。然而事实上恰恰相反，银行不需要等到客户把钱存入后，再把钱贷给其他人。银行在发放贷款的同时即在借款人的账户上创造了一笔新的存款。

更为复杂的版本引入了"部分准备金制度"的概念。这种描述认可银行系统可以借出的资金额度能比其在英格兰银行存放的现金和准备金数量高出数倍。这是一种更为准确的说法，但它仍然是不完整并具有误导性的，因为银行仍仅被视为将存款转换为贷款的"金融中介"。它同时隐含着：银行创造的货币数量与其在央行存放的准备金数量之间存在密切联系。该版本的分析也通常假定央行对银行（存放在央行）的准备金数量拥有显著的控制权。

而实际上，银行创造新货币的能力，与其存放在央行的准备金数量关联度很低。以金融危机时期为例，银行每发放100英镑的信贷，仅存放1.25英镑的准备金。银行运行所参与的电子清算系统会在每天营业结束时，进行支付的多边轧差，因此银行只需持有很小一部分的准备金来满足支付要求。

在我们看来，不是央行控制着商业银行可发放信贷的规模，而是商业银行决定着央行准备金的数量——英格兰银行必须通过放款满足这一数量要求，以确保金融体系的顺利运转。

商业银行创造货币的意义

商业银行创造货币的能力，对经济繁荣和金融稳定有着许多重要的影响，在此我们强调与银行体系改革建议相关的四点认识。

第一，尽管资本充足率要求在其他方面可能有用，但它没有、也不会限制货币的创造，因此不一定能限制银行资产负债表的扩张。换句话说，资本充足率要求，对于防止信贷繁荣和相关的资产价格泡沫，大体上是无效的。

第二，在一个信息不完备的世界里，信贷由银行配给，决定银行放贷多少的主要因素不是利率，而是银行对借款人偿还贷款的信心，以及对其他银行和整个金融体系流动性和偿付能力的信心。

第三，银行决定了经济领域中信贷的流向。由于激励机制方面的原因，银行更倾向于给有抵押品或有资产的客户贷款，而不是给生产性投资贷款。因此，增量资金往往更有可能流向房地产和金融投机，而不是流向小企业和制造业，从而对社会经济产生深远的影响。

第四，财政政策本身并不会导致货币供给的扩张。实际上，政府并没有直接参与货币创造和分配的过程，这一点鲜为人知。但它对财政政策的有效性，以及政府在经济中的作用有着重要的影响。

1.3　本书结构

本书共分为 7 章：

第 2 章回顾了银行被视为金融中介和托管人的普遍观念，审视并批判了教科书中信贷创造的"货币乘数"模型，在此基础上对货币创造的过程进行了更为准确的描述。

第 3 章探讨了我们对货币的理解。没有对货币的正确理解，我们就无法理解银行业。我们批判了主流经济学中经常出现的一种观点，即认为货币是一种商品；我们的研究表明，货币实际上体现的是一种债权和债务的社会关系。本章后半部分回顾了现代信用货币在英国的发展，从银行部分准备金制度、债券发行、央行的创建、金本位和放松管制到 20 世纪末数字货币的出现。

第 4 章简要概括了当今货币体系的运作方式。我们通过购买力和流动性的概念来定义现代货币，进而阐述支付系统是如何运作的，包括中央银行准备金的作用、银行间同业结算及清算、现金、存款保险以及中央银行通过货币政策对货币供给产生的影响。这一章还分析了"量化宽松"政策，这是英格兰银行和其他央行近期采用的一种辅助政策工具。我们还研究了银行"偿付能力"和"资本"的概念，以及商业银行资产负债表的结构。

第 5 章考察了商业银行货币被有效管控的程度。我们分析了英格兰银行如何通过干预货币市场和银行间的直接交易来实施货币政策，从而改变货币价格（利率）。本章还对金融危机做出评论，并分析了流动性和资本充足率监管框架未能有效防止资产泡沫并最终阻止危机的原因。在第 3 章理论分析的基础上，我们对信贷市场上更为直接的干预进行了案例研究，其中也包括对国际案例的研究。

第 6 章讨论了政府税收、借款与支出（统称为财政政策）的作用以及国际货币体系，包括欧盟对政府货币创造的限制，以及外汇如何影响货币体系。更多细节见本书附录 3。

最后，第 7 章总结了论点，提出了一系列问题，并试图探索当前货币和银行体系可能的改革情形。我们还总结了书中讨论的一些可选方法，为进一步研究提供参考。

我们写作本书旨在增进人们对当今经济中货币和银行运行方式的理解，促进进一步分析和辩论，讨论政策制定者和决策者如何能够创建一个支持经济更加稳定高效运行的货币体系。

银行如何运转？

我们的银行确实像金匠铺一样，钱在那里存为活期存款时，赚不到什么利息；存为定期存款时，可以获得3%的利息。

——丹尼尔·笛福，《计划论》（*Essay on Projects*），1690[1]

要让经济学家认识到银行贷款和银行投资的确会创造存款，是一件极其困难的事情。

——约瑟夫·熊彼特，1954[2]

2.1　关于银行的困惑

人们对银行存在很多困惑。很多人不明白银行到底拿他们的钱做了什么。经济学专业的毕业生懂得稍微多一点，但很多大学经济学教科书上的银行业模型已经脱离实际数十年，并且不幸的是，许多政策制定者和经济学家仍在研究这些过时的模型。

这些困惑的产生，是因为现代银行业的一些实际情况在公共视野中被遮蔽了，而且显得很复杂。在本书的写作过程中，作者广泛查阅了500多个中央银行、监管机构和其他权威机构的文档、手册、指引和论文中的信息，以找出事情的真相。几乎没有经济学家有时间亲自去做这项研究，并且金融部门中的大多数人只专注于金融体系中的某一个细分领域。这就意味着能从整体上准确、全面理解现代银行业和货币体系的人非常少。这一章先简要概括人们对银行运转的常见误解，然后对银行实际上究竟是如何运转的进行初步概述。第4章将对此进行详细解释。

2.2 对银行的通行认知1：保管箱

大多数人都会在童年的某个时期拥有过一个小猪模样的存钱罐。这一理念十分简单：只要经常往小猪存钱罐里放一些小额的钱，这些钱就会安全地待在里面，直到你需要用它的时候。

对很多人来说，这个为了应对"不时之需"而将钱存在罐子里的想法会一直持续到成年。由英国调查机构 ICM 研究中心和科布登中心（Cobden Centre[3]，英国的一家经济智库）进行的一项民意调查发现，33% 的人都以为银行不会使用储户活期存款账户里的钱。当被告知其实银行除了把钱安全地存放在金库之外，也会将钱用作他途时，这些被调查者回答说："这是不对的——我们没有同意他们这么做。"

我们存入银行的钱并不归我们所有

这 33% 的被调查者关于银行只是他们存款保管员的判断，其实是一种错觉。把钱存到银行之后，人们对于这些钱的所有权到底属于谁，也存在类似的困惑。ICM 研究中心和科布登中心的民意调查发现，77% 的人认为他们存到银行的钱从法律上说仍然属于他们。[4] 事实上，他们存放的钱从法律上讲属于银行。当某人在银行存入 1 000 英镑时，银行不会把钱放在一个保管箱里，然后在上面写上他的名字（也不会写上数字）。有时银行的确会有现金库，但里面存放的现金并不是客户的钱。事实上，银行对客户存入的现金拥有法律上的所有权，并且会将他们欠客户 1 000 英镑记录下来。在银行的会计账簿中，这被记录为银行对客户的负债。它之所以被称作负债,是因为在将来的某个时候,这笔存款需要偿还。

"负债"的概念对于理解现代银行业至关重要,事实上也非常简单。如果你从朋友那里借了50英镑,你可能会在日志簿里做好记录,提醒自己两周后偿还50英镑。用会计语言说,这50英镑就是你对朋友的负债。

你银行账户上的余额,以及所有公众和企业银行账户上的余额,其实都是银行的借据(IOU),表明银行有法律义务在将来某个时间偿付这笔钱(即负债)。而在你需要的时候银行是否真的有这笔钱,则是另一个问题,我们稍后再做解释。

2.3 对银行的通行认知2:先吸收存款,再发放贷款

ICM研究中心和科布登中心的调查还发现,大约61%的公众对银行业的理解稍微准确一些:银行从储户那里吸收存款,再将其贷给借款人。当被问及他们是否关心这个过程时,这些人回答:"只要银行支付利息且不鲁莽行事,我就不介意。"

上述观点将银行视作金融中介机构,它们将我们的储蓄重新配置到(我们希望能)盈利的投资上,这些投资会以利息的形式向我们提供财务回报。我们在储蓄账户上得到的利息是对储蓄的激励,也是对不立即花钱的一种补偿。银行为储户提供的利息低于他们向借款人收取的利息,以便赚取利润并在借款人违约的情况下能覆盖损失。银行支付给储户和它们向借款人收取的利息之差被称为"利

差"（interest spread）或"息差"（margin）。

银行既可以跨空间媒介货币——伦敦的储蓄可以用于向纽卡斯尔（Newcastle）发放贷款；也可以跨时间媒介货币——我们的储蓄与其他人的储蓄集中在一起，向借款人发放更长期限的贷款，用于购买房子。围绕经济活动分配货币和资本，将短期储蓄转换为长期贷款，这一过程被称为"期限转换"，对于大范围的经济活动来说非常重要：它确保储蓄被快速地传递给经济中的其他主体使用，而不是被闲置在我们的床垫下。我们也可以通过购买公司发行的股票或债券，将我们的货币直接投资给他们。图2.1概括了储蓄通过银行间接转化为投资和不通过银行直接向企业投资的过程。[5]

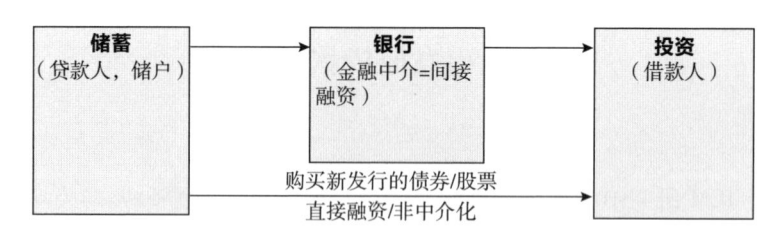

```
┌─────────────┐      ┌─────────────┐      ┌─────────────┐
│   储蓄      │─────▶│   银行      │─────▶│   投资      │
│（贷款人，储户）│      │（金融中介=间接│      │（借款人）   │
│             │      │  融资）     │      │             │
└─────────────┘      └─────────────┘      └─────────────┘
        │              购买新发行的债券/股票         ▲
        └─────────────直接融资/非中介化────────────┘
```

图2.1　银行充当金融中介

根据这一观点，银行在金融体系中的作用是重要但相对中性的，就像推动消费、储蓄和生产的齿轮顺利运转的润滑剂。就此而言，正统经济学家不将银行或货币作为经济模型的核心，也是可以理解的。也许有时候会出现偏差，如银行向某个行业配置了太多的储蓄资金，而这个行业很可能会违约，但从长期看，上述理论认为，真正决定经济发展情况的并不是银行自身。

专栏2.1　零售、商业、批发和投资银行业务

银行通常根据业务类型和客户类型进行分类。在本书中,我们使用"商业银行"(commercial banks)泛指所有非政策性的、吸收存款的机构,以区别于中央银行。而商业银行业务(commercial banking)是指向大型公司提供金融服务。英国银行业独立委员会(Independent Commission on Banking)*列明了下列不同类别的银行业务[6]:

零售银行和商业银行业务

为零售客户和中小企业［零售银行业务或"高街"(high-street)银行业务］,以及较大公司(商业银行业务)提供存款、支付和贷款服务。

批发银行和投资银行业务

"批发销售业务"通常是指向个人消费者以外的任何机构销售商品。同样,"批发银行业务"是指向政府和企业等机构提供贷款和金融服务(包括证券承销业务),而不是向个人客户发放贷款。批发银行业务包括股权和债务融资,提供与兼并和收购有关的建议,充当代客的交易对手和"做市商"(投资银行)。投资银行也可以在金融衍生品、固定收益工具、货币和大宗商品等多种金融产品中从事自营交易。

需要注意的是,投资银行在从事交易和咨询业务时,并不需要持有接受客户存款的牌照。

---

* 由英国政府于2010年6月设立,主要评估金融危机中暴露的英国银行业缺陷,并推进英国银行业改革。——译者注

这个理论是不正确的，其原因稍后论述。这个理论也引出了一些在现实中并不成立的经济假设，如公众的高储蓄会带来高的生产性投资，反之，公众储蓄不足将抑制生产性投资。

最重要的是，这种对银行业的理解完全忽略了一个问题：货币从哪里来？货币被默认来自英格兰银行（毕竟，5英镑或10英镑纸币上就是这样印刷的）、皇家铸币局或其他地方。但正如本章其余部分解释的那样，现实与此完全不同。

2.4　货币的三种形式

在此，有必要厘清我们在经济中使用的不同形式的货币。

最简单的货币形式是现金——5英镑、10英镑、20英镑、50英镑纸币和大多数人钱包中随时可以找到的硬币。纸币是在英格兰银行的授权下创造出来的，由专业的德拉鲁印钞公司*印制。尽管现金在交易中的使用越来越少，但英格兰银行预计，由于价格的上升趋势和人口不断增长的事实，经济中流通的现金总量还将持续增长。

我们在支付时不喜欢携带大量现金，因为这样代价很高并且存在被盗窃或抢劫的风险。有鉴于此，大多数大额支付是电子支付的。这就提出了谁创造和分配电子货币（electronic money）或计算机货币（computer money）的问题。不足为奇的是，英格兰银行可以创造电子货币。英格兰银行的货币创造可以通过下列方式：发放贷款给客户——允许他们使用一种"透支"机制，或者支付购买资产的款项、

---

*　德拉鲁印钞公司（De La Rue）是一家有着百年历史的英国印钞公司，创始人为托马斯·德拉鲁（1793—1866）。——译者注

支付员工薪水。英格兰银行最重要的客户是英国政府和商业银行。

尽管许多人认为只有英格兰银行有权创造电子货币，但实际上，这仅占货币供应量的一小部分。大部分货币供应是商业银行创造的电子货币。至于这些以私人银行居多的商业银行是如何创造和分配货币供应的，仍然不被公众和许多训练有素的经济学家所知，因为大多数教科书并没有涵盖这些内容。

前两种货币——现金和准备金——统称为中央银行货币。银行之间的交易既可以在银行之间进行双边结算，也可以通过它们在中央银行的账户——在该账户中持有所谓的中央银行准备金来结算。英格兰银行创造的这些中央银行准备金是电子货币，也是无风险的。然而，与现金不同，公众不能获取或使用中央银行准备金。只有在英格兰银行有账户的"高街银行"和商业银行中能够使用这种类型的货币。中央银行准备金被银行用于同业结算和流动性管理，第4章将会对此做进一步解释。[1]

第三种货币不是由英格兰银行、皇家铸币局或任何其他政府部门制造的。这种货币就是储户银行账户里的钱。在银行术语中，它被称为银行存款或活期存款。从技术角度来说，它只是计算机系统中的一个数字；用会计术语来说，它是银行对储户的负债。正如我们将会看到的，专有名词其实会产生某些误导。银行存款与我们将贵重物品存放在保管箱里的"存款"并不是一回事。相反，它仅仅是银行欠储户多少钱的记录。

---

[1] "在英国，中央银行货币有两种形式：纸币（banknotes）和商业银行在英格兰银行的账户余额（准备金）。作为一种无风险资产，准备金被银行用于同业结算和流动性管理。"（引自英格兰银行，红皮书，第4页）

事实上，并非所有银行存款都是由公众存放的。当银行从事一些常被称为"贷出货币"（lend money）或"发放贷款"（extend loans）的业务时——这种说法可能并不准确，银行只是贷记借款人的存款账户，但会给借款人造成自己已经拥有存款的幻觉。这些讨论聚焦于银行存款，包括在中央银行的存款，淡化了对货币创造过程的探讨。我们可以从银行资产负债表的其他部分了解更多关于信贷创造（当银行贷款或付款时）的信息。

银行存款不是严格意义上的法定货币——只有硬币和纸币在一定条件下符合这个要求①，但正如我们将要讨论的那样，它们起着货币的作用，并且大多数人认为它们与现金一样好用。"货币供应量"一词通常指的是现金和银行存款的合计，而后者是目前为止最重要的货币供应。按照英格兰银行对货币供应的标准定义，M4现在占经济中所有货币的97.4%。② 在这本书中，我们把银行创造的货币称为商业银行货币。

2.5 银行如何通过发放贷款创造货币

经济中的绝大部分货币都是由商业银行创造的。实际上，英国

---

① "法定货币（legal tender）在债务清偿方面有着非常狭义且专业的定义。这意味着，一旦债务人支付给法院法定货币，该债务人就不能以拖欠债务的名义被起诉。这并不意味着任何日常交易都必须通过法定货币进行，或者在法律标价的金额以内进行。双方可以根据各自的意愿，自由地商定任何支付形式——法定货币或货币的其他形式。"（引自皇家铸币局网站）[7]

② 英格兰银行用M4统计广义货币供应。在计算时，从M4中减去纸币和硬币，然后再算出该比例。

和其他大多数国家当前作为主要货币使用的，不是国家创造的实物现钞，而是银行的负债。这些负债是在银行贷款时通过会计处理创造的。一套高效的电子支付系统可以确保这些负债被作为货币使用：大多数支付可以在没有任何现钞实物转移的情况下，通过电子化的方式进行结算——减记一个账户的余额并增记另一个账户的余额。正如我们将在第 3 章中看到的，这种"清算"形式在有历史记载以来就一直是银行的功能之一。按价值衡量，绝大多数支付都是通过这种方式完成的。

我们可能会对上述说法持反对意见：商业银行并没有真正创造货币——它们只是在发放贷款，这二者不是一回事。下一章会更加深入地研究货币的性质和历史，并给出如下结论：事实上，货币一直被认为是信用，这也是最恰当的。现在让我们来考虑一下：你银行账户的余额如果不是货币还能是什么别的东西呢？你可以用它来进行各种支付，包括支付税单，政府甚至保证即使银行陷入困境，你也不会遭受损失。①

> **专栏 2.2　房屋协会、信用社与货币创造**
>
> 　　房屋协会（building societies）和信用社（credit unions）也有权利通过发放信贷来创造货币。然而，信用社的信贷创造能力受到许多严格的管制，英国在这方面的管制比其他许多国家更加严格。[8] 在 2012 年之前，信用社只能向个人发放贷款，不

---

① 根据"英国金融服务补偿计划"，每人在每个银行集团 85 000 英镑以下的存款受英国政府保障。2007 年 10 月以前，只有最初的 2 000 英镑能够得到全额偿付，后续的 33 000 英镑有 90% 能够得到偿付。在金融危机期间，为了维持存款人的信心并防止在北岩银行挤兑事件后发生进一步的银行挤兑，英国政府逐步提高了存款保险金额。

> 能向企业或非营利部门（third sector organization）发放贷款，而且只能向居住在特定地理区域的个体发放贷款。此外，信用社最多只能发放15 000英镑的贷款。根据2012年1月8日生效的"立法改革令"（Legislative Reform Order），信用社现在可以贷款给企业和组织，但只能占总资产的一小部分。[9] 部分囿于这些限制，与许多其他工业化国家相比，英国的信用社零售贷款规模仍然非常小。在本书的剩余部分中，我们使用术语"银行"或"商业银行/私人银行"时，还包括房屋协会——它们像银行而不像信用社，它们创造信贷的能力没有受到特别的立法限制。

大多数新的货币是由巴克莱、汇丰、劳埃德和苏格兰皇家银行而不是英格兰银行创造的观点，尽管对于大多数公众来说十分新奇（虽然带来的震惊没有试图说服公众相信银行存款根本不是存放在银行保险柜里的现钞时那么大），但对那些在中央银行工作的人来说是众所周知的。下面的引用证明了这一点，也证实了银行存款本质上是货币的观点：

> 在英国，货币是内生的——英格兰银行根据需求，在确定的利率水平上提供基础货币，同时银行体系创造出广义货币。
>
> ——英格兰银行（1994）[10]
>
> 到目前为止，银行部门在创造广义货币的过程中起到了最大的作用……当商业银行放贷时，它们给那些借款人创造了额外的存款。
>
> ——英格兰银行（2007）[11]

货币创造机构发放被其他人认为是交易媒介的负债。经济中的其他主体可以被视为货币持有人（money holders）。

——英格兰银行（2007）[12]

货币存量的改变主要反映了银行贷款的变化，因为新的存款被创造出来。

——英格兰银行（2007）[13]

鉴于存款和贷款的相近性，货币和信贷在用法上是不可分离的，甚至是可互换的。

——英格兰银行（2008）[14]

每当银行发放贷款时，新的银行信用，新的存款就被创造出来，也就是新的货币。

——格雷厄姆·陶尔斯（Graham Towers，1939），加拿大中央银行前行长[15]

随着时间的推移……纸币和商业银行货币演变成客户能按需使用的、完全可互换的支付媒介。

——欧洲中央银行（2000）[16]

真正的货币创造过程主要发生在商业银行中。

——芝加哥联邦储备银行（1961）[17]

在欧元体系内，货币主要通过银行信用扩张的方式创造出来……商业银行能自己创造货币，也就是所谓的"直接形成的货币"（giro money）。

——德意志联邦银行（2009）[18]

关于银行创造货币的过程有两种主要的描述方式：教科书中的模型将在下面给出，并且我们将解释为什么我们认为这一模型是不准确的；第4章将会基于初步研究，描绘一个更加准确的现代英国银行体系模型。

2.6 教科书中的描述：乘数模型

许多经济学教科书中用银行业的"乘数模型"[①]来解释：2.6%的纸币如何"倍增"和创造出97.4%的货币，而这些只是银行的负债（银行账户中的数字）。这个模型非常简单，按照如下机制运行：

某人将1 000英镑的工资存入A银行。通常来说，银行知道客户不会要求一次性取回他全部的1 000英镑——更可能的情况是，他在一个月内平均每天花费30英镑。因此，银行假定存款的大部分是"闲置"或备用的，客户不会在某个特定的日子需要全部存款。银行会保留或按照中央银行的要求保留一小部分"准备金"，比如存款的10%（在本例中为100英镑），并将其余的900英镑贷给需要借款的人。

现在，原始储户和新的借款人都认为他们银行账户上有存款。最初的1 000英镑存款已变成1 900英镑的银行"总存款"，包括1 000英镑原始存款和贷给借款人的900英镑。

之后，这900英镑又会在经济活动中花出去，而接受这些钱的商店或企业会将其存入B银行，然后B银行将90英镑作为自己的准备金，并贷出剩余的810英镑。这一过程不断推进，810英镑被

---

① 有关乘数模型的经典论述，见Phillips（1920）[19]。有关乘数模型过去在美国是如何运转的解释，参见Nicols（1992/1961）[20]。

花掉，并重新存入 C 银行，C 银行保留 81 英镑的准备金，并再贷出 729 英镑。在上述贷款重新发放过程中的每一个节点，公众银行账户中的总余额都在增加，结果是新的货币或者说新的购买力被创造出来。

这一过程不断推进，每个阶段贷款的金额都会变小，直到 204 个循环之后，公众在银行存款的总余额增长到 10 000 英镑。图 2.2 显示了这一过程。

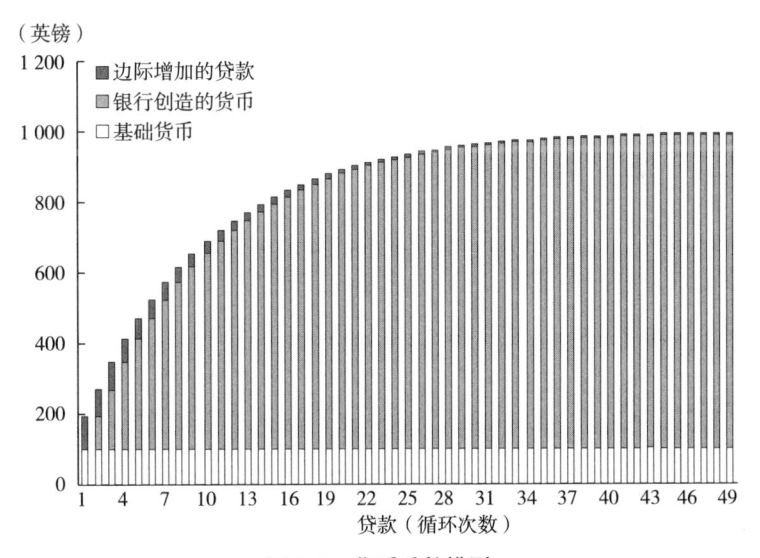

图 2.2　货币乘数模型

这个模型隐含着三个重要内容。第一，这意味着银行在没有货币存入的情况下不能发放贷款。在一个只有一家银行的经济体中，无论存款准备金率是多少，银行都必须等到有人存款（图 2.2 底部白色柱状数额）后，才能发放贷款。因此，这个模型支持了银行是货币主要媒介的观点。在这个例子中，银行可以被认为是在连续进行媒介，其结果是"信用创造"——在公众的银行账户中创造新的购买力。[21]

第二，货币乘数模型表明，通过改变准备金率或基础货币规模（现金加中央银行准备金），中央银行或者政府可以牢牢控制银行的准备金，并基于此控制整个经济投放的信贷总量。例如，如果准备金率由政府或中央银行提高到20%，则A银行只能贷出800英镑而不是900英镑、B银行只能贷出720英镑而不是810英镑，以此类推。或者，如果金字塔底部的基础货币量增加一倍（见图2.3），但准备金率保持在10%，那么经济中的货币总量也将翻倍。

第三，货币乘数模型意味着经济中货币供应量的增长从数学角度看是有限的，如图2.2越来越扁平的曲线所示。在10%的准备金率下，大概前200个循环的货币供应量都会增长，但在这之后因为有效贷款的数额是微不足道的，所以货币供应量没有明显的增长。即使准备金率调低至2%（这更接近现实），货币乘数的效应也将在1 140个循环之后终止，在英国这样拥有6 100万人口的经济体中，完成这些贷款循环最多需要几周时间。

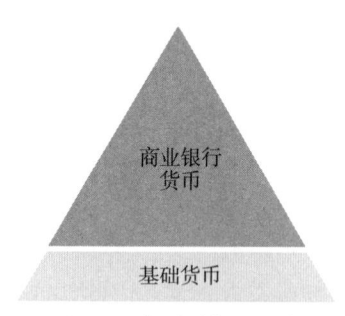

图2.3 货币乘数金字塔

这种货币创造模型因而可以被设想为一个金字塔（见图2.3），

中央银行可以通过改变基础货币的规模来控制货币供应总量；或者通过改变（由准备金率调节的）基础货币总量和金字塔两边的陡峭程度，实现对货币供应量的控制。

结果是，基于教科书中的银行模型，经济学家和政策制定者认为：

1. 银行只是金融中介，无法真正决定经济中的货币供应量。
2. 中央银行可以控制经济中的货币数量。
3. 货币供应量的增长是不可能失去控制的，因为它在数学逻辑上受到存款准备金率和基础货币的限制。

不幸的是，这种教科书中的银行模型已经过时，也并不准确，因此这些观点是不真实的。

2.7　教科书模型存在的问题

教科书中的银行业模型意味着银行需要储户来开启货币创造过程。然而，现实情况是，在发放贷款时，银行并不需要任何其他人的钱。银行并不会等待存款来发放贷款。银行存款纯粹是由银行体系自身创造的，建立在银行对借款人偿还贷款能力的信心之上。

正如英格兰银行前副行长指出的：

> 只要公众对银行的稳健性有信心（这至关重要），银行就可以通过简单地增加借款客户的活期账户金额发放贷款。借款人可以在任何地方用其进行支付，通过银行"自己给自己写支票"的方式，借款人就可以付款给任何人。也就是说，银行通

过创造货币来发放贷款。

——保罗·塔克

英格兰银行副行长、货币政策委员会委员，2007[22]

目前英国对银行或房屋协会贷款，并没有直接的、强制性的准备金要求①（见第6.3节）。英国商业银行和房屋协会受到的主要约束是，它们需要持有足够的流动性储备和现金来满足每天的支付需求。②

这意味着英格兰银行不能像乘数模型揭示的那样，通过调整银行存放在中央银行的准备金数量来控制银行的货币创造。事实上，我们可以认为，不是英格兰银行决定商业银行可以发放多少信贷，而是商业银行决定英格兰银行必须贷给其多少准备金和现钞。在强制性准备金要求降至零的国家，如英国，这一点尤为明显。第4章将对此做更加详细的解释。

2.8　货币实际上是如何被创造的

实际情况并不是教科书中货币创造模型揭示的金字塔，而是更

---

① 英国金融服务局（现在已被英格兰银行合并）正尝试通过立法，要求银行根据压力测试结果持有一定金额的现金和准备金，这个压力测试基于两周内银行负债100%流出的潜在情景。[23]

② 例如，美国对某些存款仍有10%的流动性准备金要求。在中国，政府通过频繁调整流动性准备金率来限制商业银行放贷，从而遏制通货膨胀——在本书写作时准备金率达到20.5%（这是自2011年以来的第4次上调。参见英国《金融时报》2011年4月17日报道："中国上调银行准备金率"）。尽管有准备金要求的工具，但中国最重要的货币政策工具还是对商业银行贷款额度的直接干预，被称作"窗口指导"。[24]

加接近商业银行货币"气泡","气泡"外部的商业银行货币包裹着核心的基础货币（见图2.4）。[25]

鉴于目前所选用的货币政策工具，英格兰银行对商业银行货币总量"气泡"的直接控制以及对总体经济货币量的直接控制相当少。

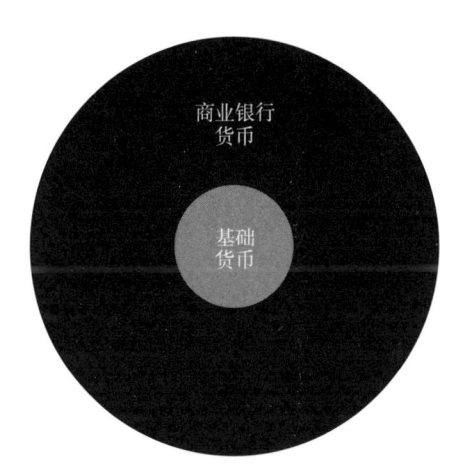

图 2.4　商业银行货币"气泡"

从过去几十年的实践中可以看到，英格兰银行对商业银行货币总量缺乏控制。在2008年金融危机之前，商业银行货币对基础货币的比率大幅增加，以至于在2006年，每1英镑基础货币就对应着80英镑商业银行货币。[①] 这种货币创造在很大程度上推动了2007年以前不可持续的信贷繁荣。

相反，在2008年金融危机期间，英格兰银行的"量化宽松"计划向经济体系注入了数千亿新基础货币（见图2.5），但对贷款

---

① 这是英格兰银行2006年的统计数据，是M4（广义货币）与M0（基础货币——纸币、硬币和英格兰银行准备金）的比例。

并没有产生明显的影响——正如衡量信贷的 M4L 指标所示，贷款在 2010 年、2011 年和 2012 年持续收缩（见图 2.6）。唯一重要的影响是，商业银行货币对基础货币的比率下降。这说明，商业银行存放在中央银行的准备金不是非常有意义的货币供应量指标：它们或许表明货币供应量会潜在上升，但在任何时候，准备金都不能计量用于实际交易的货币量，也不能计量正在（以任何方式）积极影响经济的货币量（第 3.6.3 节中的图 3.7，展示了英国货币供应量的历史变化）。例如，即便中央银行创造更多的准备金，但在其他政策都保持不变的情况下，并不能以任何方式刺激经济，正如日本在日本银行实施量化宽松政策时发生的那样。然而，银行信贷创造的增加，会对经济交易的价值产生积极影响。

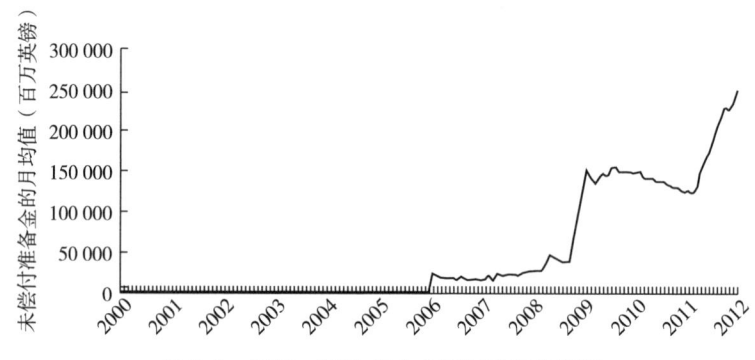

图 2.5 2000—2012 年中央银行准备金变化

资料来源：英格兰银行。[26]

我们的研究发现，商业银行创造的货币数量当前并不是由监管、准备金率、英国政府或英格兰银行决定的，而是很大程度上取决于银行在各个具体时期的信心。然而，现行的制度安排也会不可避免地产生影响。英格兰银行或英国政府能够影响或调控商业银行

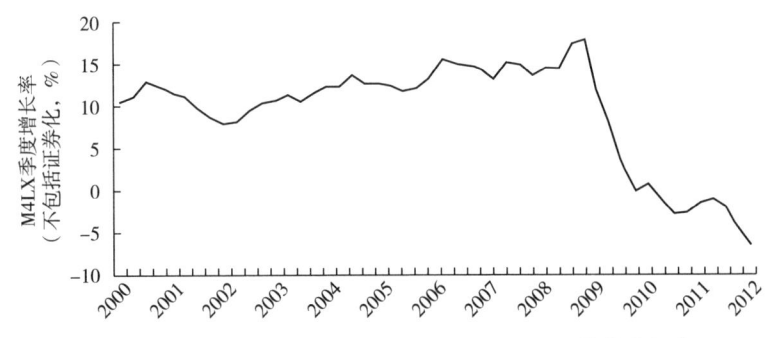

图2.6 2000—2012年不包括证券化的商业银行贷款增长率

资料来源：英格兰银行。[27]

创造的货币，就像它们过去所做的那样，我们将在第3章对此进行探讨。换句话说，对于主要由银行业放任行为导致的后果，政策相关部门也难辞其咎。

当银行信心十足时，它们将通过发放贷款和增加借款人存款的方式创造新的货币。当银行担心或恐惧时，它们会控制信贷，从而限制新的商业银行货币创造。如果偿还的贷款多于发放的贷款，货币供应将会收缩。商业银行信贷规模的大小以及整个国家的货币供应量，主要取决于银行的信心和动力。

针对银行部门的特殊政策有两条，一是英格兰银行以"最后贷款人"的角色，承诺在没有人愿意提供信贷的危急时期提供信贷（见第3.5节），为商业银行体系提供隐性担保，二是存款保险（见第4.6.1节），即便如此，上述模式依然成立。

我们认为银行信心可能波动的一个原因是，尽管它们有能力创造货币，但它们仍然可能破产。银行可以为客户创造存款，但它们不能直接为自身创造资本。银行必须始终确保资产的价值大于或等于其负债。如果它们的资产价值下降，而且没有足够的资本来吸收损失，就会濒临破产。一旦银行资不抵债，它们再继续交易就是不合法的。同样，银行可以为客户创造存款，但它们不能创造中央银行准备金。因此，如果它们在中央银行的准备金已经耗尽，并且其他银行不愿贷款给它们，它们便会遭遇流动性危机。我们将在第4.8节更加深入地探讨清偿能力、流动性和银行破产。

第3章探究的历史证据表明，决定银行货币创造规模最重要的外部因素是中央银行对信贷本身的监管态度。当中央银行选择采取放任自流的银行信贷政策时，就像现在的英国一样，就可能出现繁荣—萧条的信贷周期，从而对经济分析和经济政策产生影响。显然，只要我们思考一下信贷创造与经济活动之间的联系就能明白这些。当银行创造信贷并由此扩大货币供应量时，货币是用于 GDP 交易还是非 GDP 交易，对于经济的影响大有不同。非生产性的信贷创造（非 GDP 交易）会导致资产价格膨胀、泡沫破裂和银行危机，以及资源的错配和混乱。相反，用于生产新产品、新服务或提高生产率的贷款是生产性信贷创造，能够带来无通胀增长。上述"信贷数量论"（Quantity Theory of Credit）由本书作者之一理查德·沃纳首先提出，我们将在第5.6节进行更加详细的探讨。①

历史证据表明，如果不受监管，银行将倾向于发放非生产性的金融贷款或投机性贷款，这些贷款追求的往往是短期利润最大化（见第4.6.3节）。这或许可以解释为什么英格兰银行和大多数国家的中央银行一样，过去对商业银行信贷增长实施额度控制——我们将

---

① 理查德·沃纳在1992年首次发表一篇名为《信贷数量论》的论文[28]，并在1993年4月于约克市举办的英国皇家经济学会年会上做了介绍。[29]他在后续的工作中加入了大量的实证分析和实践应用的研究，例如货币政策建议与资产管理中的预测分析。参见 Richard A. Werner（1997，2005，2011，2012）。

在第 3 章展示具体情况。然而，这样的信贷控制在 20 世纪 70 年代初被废除了。

如果你想更加深入地理解当前的银行体系是如何创造货币的，你可以直接跳到第 4 章。然而，了解货币和银行体系如何随着时间发展而演进到当前的体系，也非常重要。在下一章，我们将看到政治和经济的发展，连同金融创新，共同导致银行创造的信用货币（此后称为"商业银行货币"）被国家接受，进而最终主导货币体系的局面。

第3章

货币、银行的性质与历史

> 货币用于表达商品相对价值的意义……与任何内在价值完全无关。正如物理度量工具是由铁、木材还是玻璃组成无关紧要一样,我们只关心其各部分之间的关系或者其与另一种测量工具的关系,因此货币用于确定价值的尺度与其物质的性质无关。货币作为商品价值的标准和表达方式的重大意义一直没有改变,而货币作为价值储存和交易介质的特性,在某种程度上已经改变,并仍在变化之中。
>
> ——格奥尔格·西美尔(Georg Simmel, 1907),社会学家和哲学家[1]
>
> 货币不是金属,而是嵌入的信任。信任被嵌入在哪里并不重要:不管是在银上、黏土上、纸上,还是液晶显示器上。
>
> ——尼尔·弗格森(Niall Ferguson, 2009),历史学家[2]

3.1 货币的功能

货币很显然是资本主义制度的基础，很难设想一个没有货币存在的现代经济。虽然货币的媒介可能随技术的发展而改变——从硬币到票据、到支票、到信用卡和借记卡以及线上电子支付，价值的交换、储存和积累使得货币与我们相伴而行了多个世纪，而且没有任何消失的迹象。

然而，在过去的 60~70 年中，货币银行学作为一门独立的学科，很大程度上被正统经济学忽视了。这看起来很奇怪，因为除了二战结束后一段短暂的稳定期外，货币和银行危机发生的频率和严重程度都在增加，且最终在 2008 年爆发了北大西洋金融危机——自 20 世纪 30 年代大萧条以来最严重的一次危机。[1]

我们首先需要理解货币的用途。货币通常被经济学家用其职能来描述，而不是用它的总体属性或本质。一般而言，货币具有四项关键功能[3]：

---

[1] 自美元与黄金脱钩前一年的 1970 年以来，直到 2003 年，总共发生过 96 次货币危机。[4]

1. 价值储藏：持有货币让我们对自己未来获取商品和服务的能力有信心——它给予我们未来的"购买力"。

2. 交易媒介：能够使我们相互进行有效率的交易和贸易。货币使我们能够超越双方在质量和数量必须匹配前提下的"以物易物"交易关系——"需求的双重巧合"。[5]

3. 记账单位：如果没有一个被广泛认可的计量单位，我们就不能解决债务问题或建立有效的价格体系，而这正是资本主义经济的两个关键要素。

4. 最终的支付或结算方式。①

虽然我们对于这四个功能都是货币的重要组成部分已经形成一些共识，但对于它们的相对重要性、它们在货币起源中扮演的角色以及它们和银行的关系，还没有形成共识。而这个问题正是我们正确理解货币和银行性质的核心，我们接下来通过两个主要的货币理论②来详细阐述这个问题。

3.2 货币商品论：货币的自然性和中性

3.2.1 古典经济学与货币

古典经济学家亚当·斯密、詹姆斯·穆勒、大卫·李嘉图，还

---

① 第四项功能与记账单位的功能密切相关，通常并不被认定为独立的功能。其他货币功能还包括"延迟支付标准"和"广义价值尺度"。
② 除了这里讨论的两种理论外，还有很多其他货币理论和学派，尤其是奥地利学派、后凯恩斯学派、货币流通学派（Circuitist）、马克思主义、女权主义和绿色环保主义，但这两个理论在学术研究领域的影响力最大。详见 Goodhart（1998）[6]和 Smithin（2000）[7]。Smithin（2000）和 Ingham（2005）[8]对不同学派关于货币的观点做了有价值的梳理。

有卡尔·马克思，都认为真正的经济价值不是存储在货币中，而是存储在土地、劳动力和生产过程中。货币只是一个代表价值的符号。例如，穆勒认为货币的存在"不干涉任何价值规律的运转"：

> 简单来说，在经济社会中，货币只是为了省时省力，在本质上不会再有比货币更微不足道的东西了。货币是一台用来更快、更便捷地完成既定工作的机器，如果没有它，工作完成的速度和便捷度会下降；并且，像很多其他机器一样，它失控时只会产生一些清晰、独立的影响。[9]

古典经济学将货币解释为一种改善交易效率的方式。当人们发现某些商品被广泛接受并且开始被用作交易媒介，而不是用于储藏或者消费时，货币就"自然地"从以物易物的交易中出现了。[10]

那些拥有货币类似特性（拥有内在价值、可携带、可分割、同质性）的商品，随着时间的推移会自然地被当作货币。因此，根据古典经济学派的解释，具有所有这些特性的金币和银币成了主导的货币媒介。[11]在正统经济学的解释中，当最优的货币类似商品不可得时，替代方案会自然而然地出现。一个典型的例子是，在战俘营中，香烟成了货币的替代品。[12]香烟与其他配给品会经常被等量地分发给犯人，因而是广泛可得的。香烟具有高度同质性、便携性、可长期保存，并且它的规模既可以用于最小的交易，也可用于最大的交易（可分的）。在研究货币的本质时，商品本位引出了被称为"货币商品论"或者"货币金属论"的货币理论。

正如经济学家约瑟夫·熊彼特描述的那样，该论证逻辑引出了

货币中性的观点,即货币只是覆盖在"真实"经济上的虚幻"面纱"[13]:

> "真实分析"基于这种理论,即经济生活的所有基本现象、这些现象的决策以及相互之间的关系,都能够用商品和服务来描述。货币只是以一个小角色出现,是为了便利交易而采用的一种技术设备。因此,只要它正常运转,就不会影响经济过程,而且运行方式与以货易货经济下的方式相同:这实质上就是货币中性观点所揭示的内容。

3.2.2 新古典经济学与货币

现代的新古典经济学建立在改善交易的货币中性观点上,在19世纪末和20世纪,基于供给和需求的数学法则建立了"科学"的经济模型。[14]在至今仍然主导经济学的一般均衡模型中,"真实"交易——包括商品和服务——由于货币的存在而得到改善,但货币本身并没有起到显著的作用。

在满足市场"出清"的"完全信息"条件下,供给量匹配需求量,人们根据商品的生产成本和"边际效用"来"自动地"交易货物和服务,不会存在延迟(支付)或摩擦——即在获得的便利与拥有货物和服务而规避的风险之间实现平衡。[15]

这种方法提出了一个问题,即如何将货币引入一般均衡模型。法国经济学家瓦尔拉斯创造了一个虚拟的计价兑换标准——对现有商品价值的一种象征性表示,以此构建了一个在均衡条件下市场出清的交易经济模型。为此,瓦尔拉斯假定存在一个全能的"拍卖商",在任何时候都知道所有的交换和效用价值。这个全能的拍卖商让瓦尔拉斯欣然忽视了货币的存在。

但其他经济学家并不满意这个"拍卖商"机制。由于货币是商品,它必须有一个生产函数,并且因为每个人都想要它,所以它必须也有一个效用函数。货币的特殊之处在于,它具有独特的存储期和极高的流通速度(即它在经济交易中的循环速度),这两个特性使得货币的相对生产成本降至接近于零。[16] 因此,在正统的经济学理论中,货币的需求基本可以完全通过它的边际效用来理解。[17] 货币的效用被假定是固定的,至少从长期来看是如此,因为货币只是其他"真实"商品价值的代表。① 因此,将货币引入一般均衡模型,是对货币中性的观点的延续。当前的主流宏观经济模型就是采用了这样的处理方式,通过建立"货币效用"函数来说明人们为什么想要货币,同时又维持货币的中性。[18]

3.2.3 正统经济学解释存在的问题

如果这样描述货币在经济中的作用让你觉得有些奇怪,那么你会欣喜地发现自己并不是唯一质疑它的人。任何经济模型都需要概括、假设和简化,以便告诉我们一些事物运行的情况。但在正统经济学对人们与货币关系的描述方面,其假设是如此牵强,以至于该模型出现了致命的缺陷。

---

① 费雪用交易方程式来表述这一过程,该方程表明,在任何既定的工业和文明条件下,存款往往与流通中的货币保持固定或正常的比例。此交易方程式为 $MV = PT$,M 代表货币(包括银行存款),V 表示货币流通速度,P 指代一般物价水平,T 则为交易数量。这一方程式最终催生了"货币数量理论",它在 20 世纪的大部分时间里,一直主导着宏观经济学。[19]

最明显的问题是理论内部的不一致。如果其逻辑结论建立在完全信息假设基础上，那么经济中根本不需要货币或任何其他的金融中介服务（包括银行业）。① 因为如果每个人在任何时候对任何事物都掌握全部的信息，就像瓦尔拉斯假定的"拍卖商"一样，他们实际上将采取类似物物交换的方式来交易货物和服务，而不需要货币这样的商品来提供关于货物和服务价值的信息。因此，矛盾的是，在获得完全信息和确定性的条件下，货币就变得多余，这无疑违背了新古典经济学一开始关于货币起源于商品交易的解释。② 自此以后，这种循环论证一直困扰着一般均衡模型的支持者。[20,21,22]

但是，没有必要进行这些思维实验来证实正统经济学解释的逻辑不一致。想想你认识的那些成功的企业家，你可能会发现他们中的大多数都是白手起家的，在开始销售服务或产品之前，他们不得不从银行、朋友或家人那里获取贷款。正如马克思指出的，在资本主义制度下，货币（或资本/融资）在生产之前是必需的[23]，而不是在生产之后为了让交易更加方便而出现的。这就是为什么这种制度被称为"资本主义"。因此，从市场出清和分配出发构建模型，然后引入货币，将其作为市场出清和分配之上的"面纱"，并不合理。

---

① 关于在完全信息条件下不存在的活动和组织，Werner（2005）[24]做了一个全面和有趣的梳理，它们包括保险、广告、咨询、法律建议、房地产代理、经济预测、会议、股票经纪、基金管理和证券化。
② "纯粹以物易物"经济的历史证据同样缺乏。人类学家提出，"纯粹以物易物"经济作为一种古典经济学家提出的假说，是用来质疑货币在交易中的出现，它实际上是不存在的。[25] Humphrey（1985）认为，"没有必要去探索这种共存，因为普通物品以物易物开始的时间和地点已经过去很久了"，以物易物"之所以一直被误解，很大程度上是因为流传下来的古典和新古典经济学的创世神话中，以物易物是货币以及后来的现代资本主义的起源"。[26]

正如美国经济学家海曼·明斯基所说：

> 我们未能理解我们的经济是如何运行的——首先解决分配问题，然后增加融资关系；在资本主义经济中，资源分配、价格决定与产出的融资、资本性资产的配置和债务的价值确认是一体的。这意味着票面价值（货币价格）至关重要：货币不是中性的。[27]

除此之外，还没有理论解释货币一开始是如何被注入经济，以及注入了多少。货币被简单地认为是因个人需求而产生的，但没有理论解释个人是如何以及为什么要处理货币，或者说明为什么货币需求或货币供应在特定的时点处于一个特定的水平。[28]

此外，由于一般均衡模型假设货币流通速度长期来看是稳定的，货币被用作价值储藏工具而不会立即投入流通的情况也难以纳入一般均衡模型。凯恩斯在20世纪30年代大萧条时期写作时，认为货币需求比传统经济学的解释要复杂得多：在一个"货币经济"中，尽管人们将货币作为交易手段，但在某些条件下也会选择囤积或存储货币。[29]

正统经济学也没有对现代"法定"货币的存在提供令人满意的解释，也就是说，货币只受到权威（以前是国王，现在是国家或中央银行）的支持，而不是任何商品。你钱包里的10英镑现金或者你银行账户中的400英镑电子货币，都不再受到任何商品的支持。你不能把它换成金或者银。

3.3 货币信用论:货币反映的是社会关系

打开你的钱包,看看里面有没有钞票。需要注意的是,10英镑的钞票上写着:"我承诺按要求向持票人支付总共10英镑。"这表明,这种货币代表对其他人未来的索偿权——两个代理人之间形成的信贷和债务关系。这种关系广泛存在于货币的发行人(这里是国家)和个体之间。这种关系与主体和客体之间的生产关系,或者与商品交易(客体-客体关系)没有任何关系。

正统经济学的分析依赖对现实的演绎性①假设,这样才能构建抽象模型。[30]相反,一些研究者采取了更具有归纳性的方法来研究货币和银行的实际运作,更倾向于认同货币本质上是信贷和债务关系的观点。这些货币研究者来自不同的学术领域,其中有非正统经济学家(包括一些20世纪早期的经济学家)、人类学家、货币和金融历史学家、经济社会学家、地理学家和政治经济学家。[31~36]事实上,他们在学术上的唯一共同点是他们都不是新古典主义经济学家。

3.3.1 货币即信用:历史证据

从历史的角度来看,关于货币关系最早的书面证据可以在古巴比伦和古埃及的金融体系中找到。在商品货币或铸币出现之前,这

---

① 演绎推理所关注的,是结论是否从逻辑上遵循一组假设。我们可以有一个合理的论点,但如果这些假设与我们对现实世界的经验不符,那么它的有效性就值得怀疑。这种方法与试图从经验观察中得出结论的归纳推理相反。这些结论更多地以证据为根据,但其论据的确定性较低,因为它们总是容易受到与我们以往经验相矛盾的新观察结果的驳斥。

些文明古国已经使用银行系统数千年。[37]正如大多数银行现在所做的那样,它们使用会计分录支付系统(accounting-entry payment systems),也就是信贷和债务清单或记录。正如货币历史学家格林·戴维斯(Glynn Davies)所说:

> 在底格里斯和幼发拉底的各个城市遗址中,考古学家发现了成百上千个楔形块体,其中许多是存款收据和货币合同,由此确认了简单银行业务作为当时日常事务的存在,并且它在古巴比伦地区很常见。公元前1792年到公元前1750年的古巴比伦统治者汉谟拉比制定的《汉谟拉比法典》给我们提供了明确的证据,巴黎卢浮宫立着一块7英尺*高的实心闪长岩石碑,我们可以查看上面的文字,文字表明这段时期"寺庙和大地主进行的银行经营已经非常多且非常重要",以至于人们认为有必要制定标准的程序规则。[38]

这一历史记录表明,银行业务在硬币出现的数千年之前就已经存在了。事实上,许多历史证据都指出:手写文字起源于记账。最早的苏美尔人在数字记账中用一划表示一个单位,用简单的圆形表示"十"。[39]

这些银行开展"清算"和"记账"活动,也经常被称为"直接转账银行"(giro-banking)——"giro"一词来自希腊语的"圆圈"(circle)。如果有足够多的人在一家银行登记债务,银行就可以在客户不在场的情况下,通过调整不同账户的方式来冲销不同债

---

* 1英尺约等于30.48厘米。——编者注

务。我们将在第 4 章看到，现代的商业银行也通过在电脑中输入数字的方式完成这一清算活动。

在古巴比伦使用泥简的同时，账目棍*（tally sticks）在欧洲被用来记录债务数百年。[40]当买家通过接受商品或服务成为债务人时，卖家就自动成为债权人。这些木棍被刻上凹痕，用来标识购买的商品数量或者债务数量，然后被纵向劈开，一分为二，从而确保两部分能够独一无二地匹配并且不会被伪造。账目棍在英格兰一直被使用到 1826 年，现在在大英博物馆中还能看到。[41]

另一个历史证明是，原始社会用精细的赔偿清单（Wergeld，偿命金）**来计量价值，防止人们结下世仇。[42]赔偿金需要衡量一个人因对他人造成实际和潜在伤害而欠下的债务。随着社会的发展，这些做法日益规范，并交由公众集会决定。与正统经济学的解释相反的是，它们不是个体协商或交易的结果。[43]这些赔偿金的性质和价值，是由伤害的严重程度及这些物品的易得性（它们应该是容易获得的）决定的，而与这些物品的交换价值或使用价值无关。"Geld"

---

* "账目棍"大约从公元 1100 年出现并被使用，其外观是用打磨过的榛木或柳木制成的木棍，上有标志其价值的精细刻痕，纵向劈开，借贷双方各执一半为凭。12 世纪的著述《有关国库的对话》(*The Dialogue Concerning the Exchequer*) 中对账目棍有如下描述："账目棍的最顶端代表 1 000 英镑，其刻痕的宽度相当于一个手掌，而 100 英镑的宽度相当于一根拇指，20 英镑的宽度相当于一只耳朵，1 英镑的宽度相当于 1 颗饱满的大麦粒，1 先令的刻痕则更窄一些。上述全部刻痕都要切去一块木头，留下一个浅浅的凹槽。但 1 便士的标记方法仅是划一道痕迹，而不需要切去一块木头。"偿还债务的时候，两部分会匹配在一起，核实债务数量以防篡改，最后账目棍会被销毁。历史学家迈克尔·克兰西（Michael Clanchy）指出，账目棍是"一种复杂、实用的数字记录工具。它比羊皮纸更加容易保存，制作更加简单，更不容易伪造"。账目棍最初是作为税收的收据，后来很快变成了记录债务的普遍形式，并在流通当中充当货币。——译者注

** Wergeld，偿命金，是凶手应付给被害人的赔偿金。——译者注

或"Jeld"是古英语和古弗利然语中的货币，现在仍在荷兰语和德语中使用。[44]

上述这些记账工具和赔偿品的例子都表明，货币作为一种象征（token，也被称为代币），记录了债权人和债务人的社会关系，并不必然具有任何内在价值。

3.3.2 货币发展中的国家角色

货币故事的另一个重要部分是国家在确保代币被接受方面扮演的角色。标准化首先出现在上层阶级、寺庙，后来推广到宫殿和社区。证据表明，货币、债务和王室的征税书具有共同的历史起源。[45]

一种被称为"货币国定论"（Chartalism）的货币理论声称，随着王室扩张它们的领地，税收支付方式变得标准化，用小麦和大麦等被广泛使用的商品数量和重量来确定。这构成了早期记账货币单位的基础，如迈纳*、谢克尔**、里拉和英镑。货币的起源并不是正统经济学中所说的推动成本最小化的交易媒介，而是作为衡量王室欠款特别是税收债务的记账单位。[46,47]

正是因为国家拥有向公民征税的强制权力，才使记账单位成为货币的主要功能。正如米歇尔·因尼斯（Mitchell Innes）在1913年所说：

> 依据法律，英国政府会强迫一些特定的人群作为其债务人。这一过程被称为征税，理论上这些债务人必须寻找到持有"账

---

* 古希腊的金额单位和重量单位。——译者注
** 古希伯来或古巴比伦的衡量单位。——译者注

目棍"的人,并通过向其出售商品换取其手中的"账目棍"。当这些"账目棍"被交给英国财政部后,缴税就完成了。[48]

作为金融家和非正统经济学家,沃伦·莫斯勒(Warren Mosler)用一个家庭货币的例子来阐述国家和公民的关系:

> 这个故事开始于父母创造出的一种票证,他们付给孩子这种票证来让他们干各种家务活。同时,为了"使这个模型运转起来",父母要求孩子们每周支付10张票证的税金来免受惩罚。这很贴切地模拟了真实经济中的征税行为——我们不得不缴税,否则将面临惩罚。这些票证现在其实就是新的家庭货币。我们可以想象成家长"花费"这些票证来购买他们孩子的"服务"(家务活)。当有了这样新的家庭货币后,家长就像联邦政府一样,成为他们自己货币的发行人。[49]

国家为此把记账单位描述为:"它能在公共支付场合被接受,主要是用来支付税收。"[50]政府的接受为这些代币在更广范围内被接受奠定了基础。①

正如我们观察到的,支付方式随时间的变化而不断演进,但许多个世纪以来,硬币并不是支付工具。当硬币作为货币大量流通时,很少会出现它的票面价值与制造它的金属价值相同的情况。[51]其

---

① 有些人批评货币宪章学派(Chartalist school of thought)过于夸大货币和信贷创造是由国家而非私营部门创造的程度。他们认为,银行存款的作用不仅在于偿还国家债务,同时还用来偿还他人债务。详见 Eladio(2009)。[52]更进一步批评是,该理论没有充分考虑到美国和欧盟体系之间的差异,这一点在第5章中有更详细的探讨。

实，国家决定了硬币的票面价值并且可以在需要时自由改动。① 在英国，伊丽莎白一世女王在1560—1561年建立了一套4盎司*标准银等于1英镑的记账单位体系。不可思议的是，这一设定一直沿用到第一次世界大战，成为世界历史上沿用时间最长且没有调整的记账单位。[53]

然而，金属硬币在多个时代的使用，也不能扰乱货币的核心概念，即货币是基于借贷关系创造的，而非依赖或来源于基础商品的内在价值。② 正如历史学家尼尔·弗格森所说："货币不是金属，而是雕刻在上面的信用。"[54] 金币、银币作为代币被长期使用，可能是货币商品理论对人们的想象具有强大控制力的一种解释。另一种解释是现代银行业发展的历史和故事中伦敦金匠铺的作用。

3.4 重要的历史发展阶段：本票、部分准备金和债券

欧洲与英国现代银行业的起源是宪法、财政与货币发展的综合产物。由于篇幅限制，本书无法进行深入的历史性叙述。[55] 基于此，我们简要回顾了三项推动现代货币体系建立的重要金融创新。

---

① 从历史上看，国家曾使用暴力胁迫手段来强制国民使用本国货币并用其缴税，包括处决、监禁和用硬币在身体上烙印。例如，在19世纪殖民时期的非洲，税收以对未付款行为的严厉惩罚为支撑，强迫被殖民者从事有工资的劳动，使其完成工作量以达到征税的要求。[56] 货币与暴力的联系可参见Tolstoy（1904）。[57] 中央银行也有长期禁止使用私人的或当地的货币体系税的记录，尤其是20世纪初在美国流通的5 000种货币。[58]

* 1盎司约等于28.350克。——编者注

② 将货币价值与某种商品（比如黄金）挂钩的做法是否明智或者可取，则完全是另一个问题。

1. 私人交易媒介（汇票）——本票（promissory note）的出现，它的流通独立于国家货币——当时主要是金币和银币。
2. 贵金属和硬币的托管人、兑换商开出比客户存入并持有的存款价值更大的存款收据，这种做法后来被称为"部分准备金银行制度"。
3. 政府存在向贵金属托管人和兑换商进行长期借款的需求，这种行为现在被称为"债券发行"。

这三种创新都出现在17世纪的英国，一个战争几乎连绵不断的时期。① 在当时，银币是国家货币。皇室与国会持续征税并铸造了足够数量的银币，以偿付战争产生的债务。[59]

这也意味着当时人们对于奢侈品，包括珠宝的需求是不多的。正如它们的名字一样，金匠铺原本的业务是将贵金属打造成饰品。但当时金匠铺还扮演了托管人和兑换商的角色，他们的金库成为存放金银铸币、铸块和首饰的安全场所。当伦敦逐渐发展出声望，来自欧洲各国的交易者，包括金匠以及典当铺老板、代笔人（会读会写的人）等，变成了本国与外国货币的重要持有人与兑换者。[60] 1640年国王查理一世发起的"抢夺铸币厂运动"*与1642年的内战接连发生，大幅增加了人们对托管业务的需求。[61]

3.4.1 本票

客户将金银留给金匠，金匠给他们开出"存款收据"。收据相

---

① 包括美国南北战争（1642—1652年）和英国对西班牙、荷兰和法国的殖民战争。
* 1640年，查理一世曾经因为财政枯竭而通知铸币厂不许支付加工好的铸币，这使得商人们已经放入铸币厂的金银被国王强行"借走"。——译者注

当于简单认可了金匠和将金银委托其保管的持有者之间的个人债务关系。关于这种收据最早的记载，可以追溯到 1633 年，该收据是开给一个名叫劳伦斯·霍尔（Laurence Hoare）的人。[62] 金匠铺后来也开展清算和记账业务。① 大家很快意识到，直接使用这种存款收据进行交易能省很多力气。银行家的存款收据变成了一种很有效的交易媒介，就像很早以前在欧洲开始流通的汇票那样。②

3.4.2 部分准备金制度

金匠们很快意识到，他们其实可以借出一部分由其负责保管的金银币，因为所有客户同时要求取出全部存款的事情是不太可能发生的。通过收取贷款的利息（关于高利贷的规定在当时的英国是相当宽松的，可以达到最高百分之五的利率），金匠们只需花很少的精力，就可以实现指数级增长的回报。[63]

一些金匠进而意识到，正因真实的存款收据而不是金银币本身在被作为交易媒介使用，所以它们同样可以用存款收据而不是真实的金银币发放贷款。这意味着他们可以放出比实际保管的金银更多的存款收据。金匠们选择在金库中只保留相当于总贷款价值一部分

---

① 第一位公认的银行家是弗朗西斯·柴尔德先生（Mr. Francis Child），他是在伦敦舰队街（Fleet Street）开店的一位金匠。斯诺和邓恩先生（Messrs Snow and Dunne）在这条街上延续着他的事业。[64] 英国柴尔德银行（Child & Co.）作为私人银行运营至今，现为苏格兰皇家银行所有。

② 在 16 世纪欧洲的拉丁裔基督徒中，尤其是在中欧和意大利，私人发行的被称为"汇票"（Bills of Exchange）或者"贸易票据"（Bills of Trade）的早期信用货币出现。通过已建立的交易路线和城市之间的定期交互，交易商网络被整合起来，并且当时的城邦决定开始接受这些票据用于金属货币的支付。在德国，这些票据定期在主要的交易会（Messe）上交易和结算。如果一个商人欠了一笔钱，且只能在交易达成后的几个月后用现金支付，那么债权人可以给债务人开一张票据，其中任何一方都可使用票据作为独立支付手段，或者从愿意充当代理的银行家那里按照一定折扣获得现金。[65]

的金银。① 因此他们创造了新的货币，部分准备金制度也随之诞生。用金融记者哈特利·威瑟斯（Hartley Withers）的话说：

> 一些精明能干的金匠提出了一个划时代的概念，即不仅将存款收据给予那些存放了金属的人，而且把存款收据给予那些来借钱的人，银行业务由此得以创立。[66]

正如一些学者指出的那样，从法律角度来说，金匠已经犯了欺诈罪。[67]当他们将存款收据发给那些从他们那里借出（而不是存入）金银的人时，这表示金匠手中真实存有借出的那些金银。然而事实显然不是如此——根本没有人存入，这些金银是不存在的。也就是说，这些收据是虚假的——它们纯粹是信用，并且和金银没有任何关系。但是没有任何一个人能分得清真假存款收据。就像卡尔·马克思在《资本论》中所说的：

> 随着生息资本和信用体系的发展，通过不同的方式，同样的资本，甚至可能是同一债务的债权，以不同的形式出现在不同人的手中，从而使资本翻了一番，有时甚至翻了三倍。这种"货币资本"的大部分纯粹是虚构的。除准备金外，所有的存款都只是对银行的债权，然而，这些债权从未以存款的形式存在过。[68]

---

① 然而，在英国之外，部分准备金式活动的历史要比金匠们早得多。全面详细的评论，请参阅 Huerta de Soto（2006/1998）。[69]对部分准备金银行制度起源的介绍，请下载保罗·格里尼翁（Paul Grignon）的动画电影《金钱即债务》（*Money as Debt*），其画面生动易懂，丰富多彩。[70]

除了可质疑的合法性之外，跟正常的市场交易活动相比，部分准备金银行制度在过去和现在都是一种非常不同的商业模式。[71]对大多数企业来说，收入与提供的商品和服务之间存在着直接关系，因此成本通常会呈下降趋势。但在真正的银行媒介活动中，例如，本章开头描述的基于定期存款发放的贷款，银行利润受到银行向储户支付的利息与向贷款者收取的利息之间的利差限制。

但是，通过部分准备金制度进行有息贷款，收入来源可以呈指数级增长，而不需要向任何人提供任何新的商品或服务，因此不需要新增成本（另见专栏3.2，第4.4节）。例如，银行可以对贷款收取复利，由此产生的利息会被加到贷款本金中，并在此基础上持续向本金和附加利息收取进一步的利息。[72]在这个例子中，银行并非必须向储户支付等值利息才能创造贷款——银行只是通过认定借款人有能力偿还贷款，或通过其拥有的抵押品（例如他们的房子），就创造出一种高利润的收入来源。① 这并不意味着银行的放贷没有向借款人提供任何有价值的服务，事实上，银行的部分利润是通过承担额外信贷带来的额外流动性风险获得的。如果银行需要额外的央行准备金来维持流动性，这将产生额外的融资成本。然而，我们应该注意到，这种流动性风险最终可能由社会直接或间接承担。

---

① 在围绕利率和部分准备金制度的作用谁更重要的各种讨论中，有一些混淆之处。我们认为，当非复利真正代表没有资源（在这种情况下是货币）而失去的机会成本时，它是没有问题的。但就部分准备金银行制度而言，正如我们所看到的，银行在发放贷款时并不会损失任何资源，也不会从其他地方取走任何资金。关于利率历史的介绍，请参见 Pettifor（2006）。[73]

3.4.3 债券发行与英格兰银行的创立

鉴于金匠有着近乎凭空创造新信贷的能力，他们受到欢迎也就不足为奇了。很快，国王和议会由于无法迅速提高税收或铸造银币来满足当时内战和法国战争的需要，也开始向金匠借贷。私人和政府对金匠借贷服务的需求越来越大，为了增加存款，金匠开始对"定期存款"支付利息——也就是在有担保的一段时间内留下的存款。1704年的《本票法》消除了人们对金匠票据流通性和地位留存的质疑，该法确认了金匠自17世纪40年代以来采用的普遍做法的合法性。[74]

政府对金匠虚构存款收据的态度，从非正式的接受转变为最终将其合法化。此举增加了政府的支出能力，并促成现代商业银行货币的出现。17世纪的荷兰和瑞典已经开始使用商业银行货币，这些变化使其在英格兰也得到发展。这些国家当时因战争十分缺钱，于是开始向各自国家的富商和金匠发行债券（专栏3.1）。债券发行的实践早在意大利北部的城邦就开始了，这是另一种变革性的金融创新——政府和后来的公司通过长期借款为扩张性贸易提供资金，而不需要额外的金属铸币。[75]

> **专栏3.1　债券、证券和金边债券**
>
> 债券是一种债务工具，使公司或国家能够通过向投资者发行借据以获得现金。投资者可以是个人，但现在更多的是机构投资者（如养老基金），给公司或国家一定数量的资金，期限固定，利率固定。相应地，投资者会收到一份证书，当债券到

期时（即债券到期日），投资者可以使用该证书赎回债券。同时，发行人通常定期支付利息给持有人（息票）。这就是为什么债券也被称为固定收益证券。此外，当市场利率上升时，债券价值下降，反之亦然，因为固定息票支付的预期未来收入流的价值发生了变化。债券是以债务为基础的证券或可交易证券（股票是以股权为基础的证券）。

公司发行的债券一般称为商业债券、商业票据（期限比债券短）或商业证券。

各地发行的债券有多种名称，包括政府债券、政府证券、国库券（指短期政府债券），在英国它们被称为金边债券。金边债券（gilt）一词来源于最初的债券本身的镀金边缘，并逐渐代表了金边债券作为一种投资的主要特征：随着时间的推移，它已经被证明是安全的投资。英国政府从未（尚未）发生在国债到期时不能支付利息或本金的情况。

政府也可以发行外币债券，这些通常被称为主权债券。

由于大多数政府不会违约，因此政府债券是一种有吸引力的投资形式，特别是对养老基金等风险厌恶型投资者而言。出于同样的原因，政府债券是具有高度"流动性"或"可交易"的。政府债券也因此被称为基准债券，发行量大，通常可以非常迅速地出售，以换取现金或银行货币，即现代社会的最终支付手段。

荷兰王子威廉三世（奥兰治亲王）在1688年的"光荣革命"中成功入主英格兰地区，取代了在位的君主，并将商业银行货币的概念带到英国。在威廉三世（和玛丽二世）的统治下，收取（高利贷）利息很快得到允许，银行友好型法律（bank-friendly law）被引入。鉴于之前债台高筑的国王屡次违约，以及对皇家铸币厂的突袭，议会和国家的债权人［即伦敦公司（Corporation of London）的商人和金匠］通过游说成立了一家拥有公共特权的私人银行——英格兰银行，并将伦敦市中心一平方英里*的地区划分为一个准主权国家。①

商人们以8%的利息向国家贷款120万英镑，以关税和消费税收入作为抵押。[76]英国政府开始发行债券和付息借款，并首次将税收的一部分用于支付长期债务的利息。[77]这一私人信用创造制度取代了以前财政部以记账的形式发行公共货币的制度。为了形象地说明这一点，可以将其理解为将账目棍埋在英格兰银行的地基中。这是税收首次被政府用作偿还对富有的私人部门债权人债务的工具。

英格兰银行成立于1694年，三年后被授予皇家特许权，并有权接收存款、发行银行票据和贴现本票。以前只在金匠和交易员网络之间流通的期票，现在可以在英格兰银行以国家货币的贴现率进行交易。

这一时期的两大货币创新——以国家债券形式发行的公债和本

---

① 伦敦金融城公司（The City of London Corporation），即伦敦金融区的市政当局，至今仍拥有非同一般的权力，通常表现为在礼仪方面的特权。比如市长授权女王跨越金融城边界，以及金融城公司和合伙企业可以在选举中投票等实用特权，还可以拥有自己的警察，并享有修订其宪法的权力。有关伦敦市中心"离岸避税天堂"更多颇具吸引力的细节，请参阅 Shaxson（2010）第12章。[78]

* 1平方英里≈2.59平方千米。——编者注票——有史以来第一次被整合到一个机构中，即新成立的私人银行英格兰银行。在这项新的安排中，国家至少部分提高了税收，以支付债权人的利息。同时，以前的私人存款凭证现由英格兰银行以一定贴现率承兑；1704 年颁布的《本票法》规定，所有票据，无论是应付给"X""X 或开票人（order）"，还是"X 或持票人（bearer）"的，都是合法可转让的——从而使信用货币触及公共货币领域。[79]那时，这些货币与国家货币只差一小步——国家货币在当时是铸币，因此被准许用作缴税。

3.5　早期货币政策：通货主义辩论与 1844 年法案

事实证明，英国成功地实现了国家与其债权人阶级的新融合。这一举措常常被认为是其在随后的战争中击败法国的关键因素，也是英国商业、贸易和军事实力扩张的关键原因之一。[80,81]这一新融合的模式，最终被西方世界其他国家模仿。然而，英格兰银行在防止纸币和铸币发行波动方面却不太成功。当伦敦的私人银行逐渐被英格兰银行吸收兼并时，在英国其他地方，工业家们正在组建地区性商业银行（或称"区域银行"），并在工业革命中扮演了重要角色。[82]这些银行并没有获得中央银行作为最后贷款人的支持，只能依靠在伦敦清算银行的账户来清算。区域银行发行各种类型和质量的纸币，这些纸币以相对较低的利率贴现（即兑换成英格兰银行票据，或记为银行在英格兰银行账户中的贷记项）。[83]

尽管英格兰银行的纸币与黄金挂钩，但货币危机和银行业危机依然频繁，通胀猖獗。两个学派就如何最好地解决这个问题展开了激烈的争论，而这场争论在如今的现代货币理论中仍在持续。① 金银通货主义者（Bullionist）（后来的"货币学派"）声称，物价上涨应归咎于英格兰银行对私人银行发行的大额票据进行了贴现。他们深信黄金的内在价值和稳定性（货币的商品理论），并呼吁恢复纸币发行与黄金储备的完全可兑换性。相比之下，反金银通货主义者（后来的"银行学派"）声称，价格上涨是经济活动和贸易增加的自然结果，使得黄金价格和贷款需求自然上涨。[84]

金融危机到19世纪上半叶仍在持续爆发，政府最终采取了行动。首先，《1833年银行特许状法案》（Bank Charter Act 1833）（以下简称"1833年法案"）使英格兰银行纸币在英格兰和威尔士首次成为法定货币。此外，该法废止了英格兰银行的贴现工具须遵行5%高利贷利率的法律要求。政府希望通过提高贴现率，英格兰银行可以推高将票据转换为法定货币的成本，从而抑制私人银行发行票据。正如戴维斯所说："在这种平静的方式下，在此后的150年里，作为货币政策工具的著名'英格兰银行利率'就此诞生了。"[85]

但事实证明，这些措施不足以保障金融稳定。1836年和1839年银行的进一步倒闭导致英格兰银行的黄金储备大量流失，因为客户担心私人发行的银行票据将变得无法兑换。最终，1844年银行特许法案（以下简称"1844年法案"）禁止创建任何具有票据发行权的新银行（包括合并现有银行），并限制了英格兰银行新票据的发行。[87] 英国经济学家和记者沃尔特·白芝浩（Walter Bagehot）称

---

① 关于该争论的简要回顾可参阅 Galbraith（1975）。[86] 货币学派和银行学派的争论一直持续到20世纪，成为货币理论的主要分界线。货币学派相信政府可以通过改变基本利率，由外生决定货币供应；新凯恩斯或者后凯恩斯学派则认为，信用创造是由经济本身"内生"决定的。

之为"铸铁"（cast iron）的系统，将发行新纸币的数量限制在现有流通的（由政府证券支持的）1 400万英镑以内。[88]除此之外，任何新发行的纸币都必须有额外的黄金和白银储备作为后盾。其结果是区域银行发行的私人银行票据逐渐消亡，而英格兰银行在新票据的发行方面实际上处于垄断地位。①

然而，重要的是，该法免除了活期存款（即人们将钱存入银行时，或者更可能是人们借款时，银行所做的会计分录）需有100%黄金储备支持的法律约束。我们已经看到，部分准备金制度如何允许银行放出数倍于金库中黄金的贷款。同样，它们可以通过贷款或购买资产创造新的银行存款，达到银行票据限额发行的数倍。因为从技术上看，这些账户余额是银行向储户付款的承诺，因此它们不像银行票据一样受到法案的限制。这意味着区域银行能够在不违犯法律的情况下创造货币。此外，1844年法案没有将活期存款作为其立法的一部分，因为任何客户或各地监管机构都很难看出银行在发放贷款时创建的虚拟活期存款与客户（例如一个刚领到薪水的人）在银行存放的"真实"活期存款之间的区别。这两种货币在银行的会计报告中看起来完全一样。正如沃纳所说：

> 银行是负责记录的会计师——经济体的其他成员假定它们是诚实的会计师，因此银行有可能通过简单地改变数字来增加一些人（那些贷款的人）账户中的资金。没有其他人会注意到

---

① 戴维斯（Davies）记录了1921年国家银行票据的停发，当时英国劳埃德集团（Lloyds）接管了福克斯（Fox）和福勒（Fowler）公司位于萨默塞特郡（Somerset）惠灵顿镇（Wellington）等地的55个分支机构。

这件事，因为代理人无法区分实际储蓄货币和银行"无中生有"创造的存款货币。[89]

毫无疑问，1844 年法案没能涵盖活期存款，也与当时货币商品理论的强大有关，这体现在金银通货主义学派的言辞中。区域银行发行的纸质票据比活期存款更为有形，显然也是商品货币（黄金和白银）的竞争对手。反对纸币的金银通货主义者威廉·科贝特（William Cobbett）认为：

> 我们可以看到这个国家到处都是纸币；我们看到每个人的兜里都装满了纸币；我们经常把它当作一种奇怪的东西和一种巨大的罪恶来谈论；但我们从来没有探究过它出现的原因。我们当中很少有人记得商人和农民手里几乎没有一张银行票据的年代……如果回首过去，花一点时间思考，就可以追踪纸币逐渐增加和金银货币同步减少的过程。[90]

不久之后，不能发行私人银行票据的区域银行，开始专门从事接收存款和发行支票或者赊欠单（account statements）的业务。[91]这些支票和赊欠单可以用英格兰银行的票据或黄金赎回，就像旧的银行票据一样。正如芝加哥联邦储备银行所表述的：

> 活期存款（transaction deposits）是与银行票据对应的现代产物。可以说是从印制银行票据到贷记借款人的一小步，借款人可以据此开出支票作为"支出"，从而"印制"自己的货币。[92]

因此，1844年法案未能阻止部分准备金银行业务即私人银行创造新货币的过程。它仅仅促成了交换媒介的金融创新。同时，这也使得银行"无中生有"地创造货币的能力变得不那么显而易见。尽管在苏格兰和北爱尔兰，人们还能明显地看到银行继续发行带有自己标志的纸币，但英格兰和威尔士的民众不再总是被告知银行承担着货币创造者的角色。这造就了一个不朽并流传至今的神话：只有中央银行或者政府才能创造货币。

虽然1844年法案被广泛认为是此后英国金融史上70年"黄金时代"（Golden Period）的关键因素，但在19世纪余下的时间里，它在预防银行业危机方面并不十分有效。事实上，该法案在1847年、1857年和1866年被反复废止，英国通过允许英格兰银行印制超过其黄金储备的新纸币，防止银行倒闭后的大规模金融崩溃（因为通过央行介入来救助银行要比纳税人介入成本低得多）。

更多历史学家将英国金融史上的"黄金时代"归因于英国成为国际头号强国，而不是1844年法案。他们认为，这一原因支撑着英格兰银行通过将英镑作为世界储备货币来管理整个国际货币体系的信用。另一点是，英国政府越来越依赖发行有息债券，正如美国在20世纪的大部分时间里所做的那样。

3.6 20世纪：黄金衰落、管制放松和数字货币兴起

3.6.1 汇率制度简史

从历史上看，在相当长的"商品货币"阶段，汇率一般取决于每个国家的货币中金、银或铜的含量。例如一枚含有10克黄金的

硬币可以兑换两枚含有 5 克黄金的硬币，以此类推。

同样，在纸币和金本位制出现后，汇率取决于各国政府承诺支付给纸币持有人的黄金数量。这些数额在短期内变化不大，因此货币之间的汇率相对稳定。结果是跨币种交易几乎不会面临汇率变动影响利润的风险，这也意味着货币投机的机会少，对汇率变动风险的"对冲"要求也更少。

3.6.2　第一次世界大战、金本位制中止与信贷管制

随着第一次世界大战的爆发，"黄金时代"戛然而止。英国政府急需资金，并再次毫不犹豫地废止了 1844 年法案。1914 年，英国通过非正式停止现金（硬币）支付而退出了金本位制，这意味着人们再也不能用银行票据兑换金币了。追随美国的成功范例，英国政府转而发行自己的货币（即布拉德伯里纸币，并以时任财政大臣约翰·布拉德伯里的名字命名），以便为战争筹集资金。这种直接的政府货币不是通过发行债券向银行或投资者借来的，而且事实证明，它成功地抵抗了 1914 年 8 月英国对德国宣战后的严重银行危机，并对战时经济做出了贡献。戴维斯观察到：

> 当时，内部黄金流通的停止仅仅被认为是一种权宜之计，后来却变成了永久性的。包括一个世纪的完整金本位制在内，总计近 700 年断断续续的黄金铸币流通史，就这么悄无声息地结束了，耻辱地被碎纸片赶下了台。[93]

一战后，各国试图通过重启金本位制以恢复国际金融体系的稳定。英国根据《1925 年金本位法案》（Gold Standard Act of 1925），

将英镑与黄金的价值固定在战前的水平,即便如此,银行票据兑换金币的日子也一去不复返,公众只能用其兑换金条。

然而,战间期的金本位制并没有持续多久。1931年,在经历了一段时间的金融动荡之后,人们开始担心英国在欧洲的投资。同年9月,投机者越来越多地向英格兰银行要求以英镑兑换黄金。英格兰银行无力支持英镑的官宣价值,于是英国于1931年9月19日废除金本位制,英镑再次自由浮动。[94]而当时,其他国家要么已经退出金本位制,要么即将退出金本位制。[95]

固守金本位制导致汇率无法及时调整以反映国际竞争力的变化,以及为保护货币免受投机性攻击而实施的高利率,都被认为是加剧大萧条的原因,一些研究发现,国家坚守金本位制度的时间长度与该国大萧条的严重程度之间存在相关性。[96,97]也有人将战间期的金融不稳定,部分归因于战前的英镑主导地位向新的全球储备货币美元的权力转移,全球金融体系的实际管理权移交给了美联储,而美联储此前没有承担过相应职责,也没有为此做好充分准备。第二次世界大战之后,布雷顿森林协定达成对美元的固定汇率,而美元则以固定价格兑换黄金。其后20年,西方世界的许多国家进入相对金融稳定期。这种制度一直持续到20世纪70年代,直到美国发现自己和1931年的英国一样,无法兑现美元兑换固定数量黄金的承诺,该制度宣告崩溃。欧洲评论员指责美国滥用这一制度发行了过多美元,使得美国公司用这些美元购买欧洲的公司和资产。法国政府则要求美国将其美元余额兑换成黄金。事实证明,与英国金本位制一样,只有在不真实发生兑换的情况下,兑换黄金的承诺才有效。作为对法国"突袭诺克斯堡"(raid on Fort Knox)的回应,时任美国总统尼克松宣布不再信守美元自由兑换黄金的承诺。到1976

年，世界上所有主要货币都被允许自由浮动。

与早期的"黄金时代"一样，英国成熟的货币和制度与国际金融稳定息息相关，支撑战后初期货币稳定的是制度结构和宏观经济环境，而不是维持每盎司黄金 35 美元的金本位。重要的是，在此期间，西方许多国家对银行实施了严格的信贷控制。英国也不例外，其银行资产的 8% 被要求以现金形式持有，并实行更普遍的 28% 至 32% 的流动性准备金率。[98]

即便如此，这些控制政策在当时看来也是不足的。英国中央银行建立了自己的定性和定量信贷控制。广为人知的"道义劝告"（moral suasion），是中央银行对银行信贷的非正式指导，限制了银行可以创造的信贷总量，并为特定部门设定了限额。正如 20 世纪 60 年代一篇货币政策评论指出的：

> 在那 10 年（20 世纪 60 年代）中的大部分时间里，现实经济形势要求对信贷采取更严格的限制，仅仅对流动性或相关比率采取行动是不够的。因此，有必要诉诸直接的控制——规定贷款上限。在 20 世纪 50 年代，英国中央银行曾直接要求存款银行限制其贷款水平……要求的措辞通常比较强调原则（近期的贷款增长率应大幅降低）。1965 年，借款上限政策重新被实施，所有银行和分期支付融资机构（hire purchase finance houses）都被要求在截至 1966 年 3 月的 12 个月内，将贷款额年增长率限制在 5% 以内。从那时起，这种特定上限在大多数时间里都被强制实施。在量化上限的同时，中央银行还对贷款方向进行了定性指导，这类指导也非首创，它们始终优先考虑出口融资。[99]

从图 3.1 中可以看出,在这一时期的流通货币中,国家发行的纸币、硬币和银行发行的货币,两者的数量之间存在某种平衡比例(大约为 50∶50)。这种"窗口指导"的银行信贷控制在 20 世纪 70 年代初被放弃,此后银行信贷开始迅速增加。

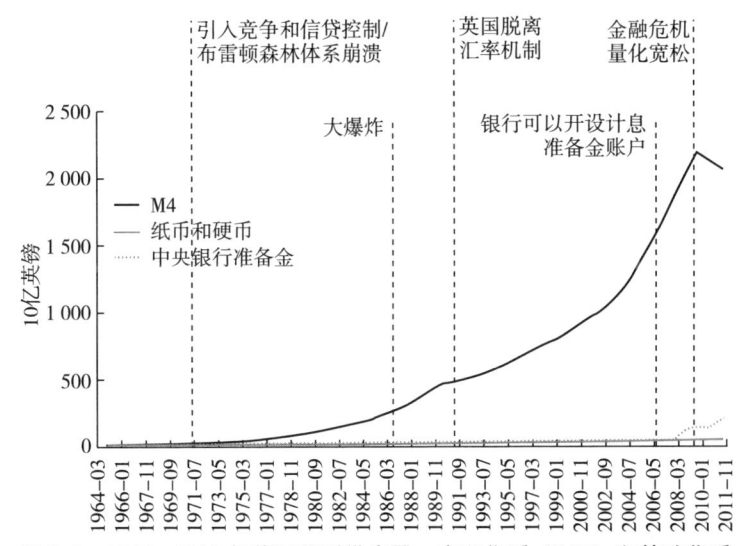

图 3.1　1964—2011 年英国货币供应量:广义货币(M4)和基础货币

注:根据通货膨胀(依据零售价格指数)调整了 M4 的总库存量、中央银行准备金、纸币和硬币(以 2012 年的价格计)。

资料来源:英格兰银行[100]和作者的计算。

3.6.3　20 世纪七八十年代银行业管制放松

从 20 世纪 60 年代末至今,国际和国家层面都在逐渐放松对银行业和信贷的管制。这种放松管制的理论基础是,银行只是金融中介,而忽视了它们作为货币供应创造者的关键作用,如第 2.3 节所述。

一系列新的参与者,特别是外国银行、"边缘"或"二级"银行①和分期支付融资机构进入英国金融市场，开始大举放贷。英格兰银行没有将分期支付融资机构当作银行进行监管，而这类机构为人们购买耐用消费品，特别是汽车，提供了大量信贷，引发了高通胀。[101]信贷控制当时仅适用于大型清算银行（clearing banks），而这些机构没有被归类为银行，因此不受信贷控制。

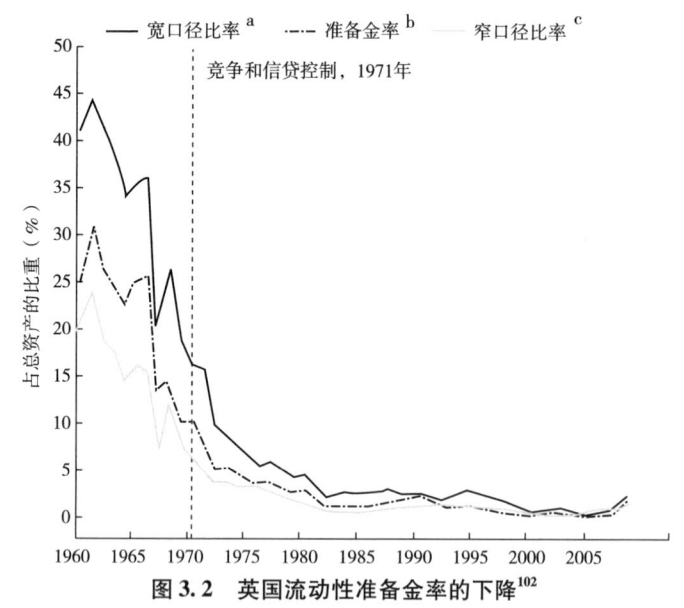

图 3.2　英国流动性准备金率的下降[102]

注：a. 现金＋英格兰银行存款＋活期贷款＋合格票据＋国家赠品（UK gifts）。
b. 英格兰银行存款＋活期贷款＋合格票据。
c. 现金＋英格兰银行存款＋合格票据。
资料来源：英格兰银行，《银行家》杂志（1960—1968 年）和英格兰银行计算。1967 年以前的数据只包括伦敦清算银行。

为应对这一问题，英国政府于 1971 年引入了竞争和信贷控制（CCC）改革，将 8% 的现金准备金率和 28% 的流动性准备金率替

---

① 边缘银行（fringe banks），或者称二级银行，是指不受银行监管的个体小额贷款机构。[103]

换为新的12.5%的流动性准备金率（见图3.2）。① 同时，英格兰银行将更广泛的金融机构纳入银行业监管范畴，而不像此前那样只将大型清算银行纳入其中。它还允许清算银行自由地进入快速增长的批发货币市场（见专栏3.2），参与包括政府债券和商业债券在内的金融工具交易，而此前清算银行只能通过金融机构子公司或"贴现公司"（discount houses）进行交易。这也意味着，银行现在可以从货币市场获得中央银行的货币和现金，而不是依赖中央银行本身获得中央银行储备和英镑。最重要的是，尽管改革的名义是竞争和信贷控制，但该法案事实上标志着信贷管制的废除。随之而来的信贷繁荣，引发了房地产市场的繁荣，导致不可避免的银行业危机（见专栏5.2），即1974年的第二次银行业危机。银行信贷紧缩，房地产价格暴跌，银行不得不接受英格兰银行的救助。

> **专栏3.2 批发货币市场**
>
> "货币市场"一词涵盖大量交易网络，这些交易涉及大量币种的流动资产借贷，通常是在银行等金融机构之间进行，也在非金融机构和政府之间进行。这些资产通常在一年或更短的时间内到期，包括可交易证券，如政府证券、国库券或公司债券（即商业票据，或称"CPs"）、银行债务（即存单，或称"CDs"）。
>
> "批发"是指金融机构大规模借贷资金，而不是个人经营借贷少量资金。

---

① 12.5%的银行存款必须以"合格储备资产"的形式持有，其中包括在英格兰银行的存款余额、美国国债以及与贴现市场挂钩的货币。[104]

正如戴维斯所言，竞争和控制改革引发了中央银行关注焦点的根本性转变：

> 从通过设定银行贷款的数量上限和定性或选择性指导来配给银行信贷……到依赖价格机制更加普遍的影响力，利率调整成为主要武器。[105]

英格兰银行放弃了古老的英格兰银行利率（Bank Rate），取而代之的是最低贷款利率（MLR），现在被称为政策利率或短期利率，它决定了银行和其他金融机构获得现金和英格兰银行储备的利率。[106]这些机构可以按照希望的利率将储备借给其他银行。因此，货币规制更加受制于市场力量，英格兰银行的目标转向确保市场利率停留在政策利率的附近。[107]

1979年，禁止任何未经授权的英国银行从事外汇业务的外汇管制被取消，并且布雷顿森林体系崩溃，固定汇率制被废弃，导致进出英国的资本数量激增。随着大量外国银行在伦敦开业，以及自20世纪60年代以来"欧洲美元"市场①的发展，英国逐渐成为国际外汇中心。[108]

20世纪70年代的石油危机和快速的通货膨胀帮助英国撒切尔政府和美国里根政府这两个坚持自由市场主导的政府上台，并在新古典主义自由市场经济的影响下，进一步解除了包括利率上限在内的国家对银行信贷的控制。在1986年的"大爆炸"改革（Big

---

① 欧洲美元，是美国以外的、非美国银行持有的美元存款的通称，不在美联储的管辖范围内。这个市场的发展一方面是因为二战之后，美元成为全球储备货币；另一方面是因为苏联试图在冷战期间将其持有资金撤出美国，包括来自石油输出国累积的美元收入，它们更愿意将其保留在美国以外的国家。

Bang）中，英国保守党财政大臣杰弗里·豪（Geoffrey Howe）和尼格尔·劳森（Nigel Lawson）废除了对消费信贷的所有管制，同时放松了对住房贷款的管制。[109] 强制性的流动性存款准备金率开始从1971年的12.5%逐步降低，直到最后成为自愿留存准备金（见图3.2）。与此相对应，又一次信贷繁荣接踵而至，导致英国银行业在20世纪80年代末出现问题。

回顾当时的情况，可以清楚地看到，这种去监管的理论是基于新古典主义理论不切实际的假设。在新古典主义理论中，银行没有履行任何独特的职能，只是像股票经纪人一样被归类为金融中介机构。这一理论并没有认识到银行作为货币供应创造者在经济中的关键作用。因此，此后没有监管机构再去直接监控银行创造的信贷数量，以及这些新创造贷款的配置和流向，也不再监控新创造的信贷是否用于直接贡献GDP的交易。如图3.3所示，自20世纪80年代以来，银行的信贷创造与实际经济脱钩，信贷扩张速度比GDP增长速度快得多。根据信贷数量理论（见第5.6节），这种脱钩现象证明了越来越多的银行信贷创造被引入金融交易。这是不可持续的，对社会来说代价高昂，因为这相当于资源配置不当，为下一场银行业危机埋下种子。

为投向存量资产交易提供资金的信贷，无论是实物资产还是金融资产，都不会对GDP产生贡献，反而会导致不可持续的资产通胀。自20世纪70年代以来，信贷是否贡献GDP一直没有受到任何直接的监督。信贷创造的资金是用于投资生产能力，还是消费交易（后者产生更直接的通胀压力），也没有受到任何监督。[110]

资本流动和银行服务的全球化促使银行规制向国际制度转变，秘书处设在国际清算银行（BIS）的巴塞尔银行监管委员会一直在

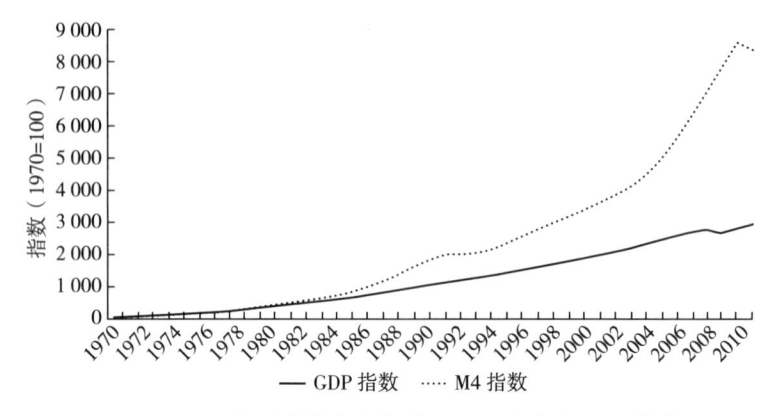

图 3.3 1970 年以来的广义货币（M4）和名义 GDP 指数
资料来源：英格兰银行。[111]

制定政策。许多观察人士认为，巴塞尔委员会受到工业化国家大型银行发展目标的极大影响，《巴塞尔协议》（版本 I、II 和最新的版本 III）重点强调资本充足率，而没有聚焦于流动性（见第 5 章）。

3.6.4 数字货币的出现

对我们理解现代货币和银行体系同样重要的是信息和通信技术的发展。这些发展不仅改变了交换媒介：从现金到支票，到借记卡和信用卡，再到网上银行，而且也改变了不同参与者在发行新货币方面的相对权力。相较于活期存款可以使用借记卡或电子转账便捷地转移资产，现金作为支付媒介的重要性越来越低，因此银行系统作为经济中新货币的主要创造者，在宏观经济中的重要性增加了。[112] 正如欧洲中央银行在 2000 年所说：

> 在 20 世纪初，几乎所有的零售支付都是用中央银行的货币完成的。随着时间的推移，当银行存款及其通过支票和柜台

转账的转移方式被广泛接受时,这种垄断权逐渐被商业银行共享。纸币和商业银行货币成为完全可互换的支付媒介,消费者可以根据自己的需要任选一种使用。尽管使用商业银行货币交易的成本不断降低,但无现金支付工具的使用越来越频繁,纸币的使用越来越少。[113]

今天,几乎所有流通中的货币(大多数估计为 97% 至 98%)都是商业银行货币。[114]如图 3.1 所示,其呈指数级增长态势。就在 1982 年,英国硬币和纸币与银行存款的比率是 1∶12,而到 2010 年,这个比率已经变为 1∶37。①

这些数字和图 3.1 似乎与我们日常生活中使用货币的经验背道而驰。例如,大多数人可能没有注意到这段时间内对现金的使用频率有所下降——我们仍然会觉得外出时钱包里有 10 英镑钞票更安心。但重要的是要区分使用不同种类货币支付的交易频率和交易额。现金仍然用于大多数交易,但这些交易额大多非常小,例如少于 10 英镑。数字货币——以将活期存款(即商业银行货币)从一个账户转移到另一个账户的形式——几乎只用于较大额的交易,因此数字货币交易方式占据了总交易额的大部分。这是因为信用卡和借记卡的便利性,以及网上银行业务的交易额越来越大。这些交换媒介都不再使用纸币和硬币(即国家货币)。

我们已经讨论过,所有的货币都来源于信用。现在,我们也可以说,除了一小部分现金,货币基本上就是数字。只要人们把数字

---

① 来自英格兰银行的统计数据:M4(LPQAUYN)、纸币和硬币(LPMB8H4)。该比率是以 1982 年 3 月和 2010 年 12 月的 M4 除以纸币和硬币的总量计算得出。

输入计算机，大量的资金就可以在我们的经济中流动。计算机的二进制语言，即1和0，是我们所拥有的最接近今天货币的代表。正如我们所看到的，货币从来都不是一种商品，但现在，在我们的数字世界里，它比以往任何时候都更抽象。那些有能力创造新货币的人拥有巨大的权力——他们只需将数字输入电脑就可以创造财富，并决定谁可以使用它，及将其用于何种目的。

接下来的章节，让我们详细研究，这在当今的英国是如何发生的。

第4章

今天的货币和银行业

> 很少有术语像公开市场操作、英格兰银行利率、再贴现率这样被赋予神秘色彩。因为经济学家和银行家一直为自己拥有这些知识感到自豪,而其他即使是最为敏锐的人对这些知识也不甚了解。
>
> ——约翰·肯尼斯·加尔布雷思(1975)[1]

我们已经批判性地审视了普通大众和教科书对货币和银行业的理解，并展示了英国银行业在过去三个世纪的发展历程。我们已经看到，今天英国的大部分货币供应不是由国家、英格兰银行、财政部或皇家铸币局创造的，而是由少数以营利为目的的私人公司（即通常所说的银行）创造的。

这些是基本原则。然而，了解当今英国货币和银行体系的运作方式也很重要。尤其是，我们需要明白，银行尽管实际上拥有创造新货币的许可证，但是它们能够创造的信贷数量还是受到限制的。

接下来的两章将详细讲述当前英国商业银行的运作方式，以及它们如何与中央银行、支付系统和货币市场互动。首先，我们需要厘清流动性的概念。

4.1 流动性、古德哈特定律以及货币界定难题

在第 3.1 节中，我们看到货币的关键功能是作为交换手段和最

终结算手段。历史表明，判断一种货币可接受性的一个有用方法是看是否能用它来缴税，以及更广泛地说，在整个经济体系中，是否能用它来购买商品和服务。在将货币主要定义为私人部门资产时，货币与非货币之间没有明显的分界线。有些资产比其他资产更容易转换成货币；这种特性被称为流动性。流动性更强的资产是那些能够在短时间内更确定地变现而不会造成损失的资产。

例如，我的房子流动性很差，因为我不太可能很快卖掉它，除非以很大的折扣出售。相反，如果我能找到当铺，我就能很快把手表换成现金。如果其他人意识到我的手表是一种流动性很强的资产，他们甚至可能会给我一些东西作为交换，因为他们知道可以很容易地把我的手表换成现金。在这种情况下，我的手表具备了一些货币的功能——我们可以称之为"准货币"。因为不同资产之间的流动性是逐渐变化的（即存在一个流动性频谱，见图4.1）；在任何特定点上画一条界线，在某种程度上都是武断的。[2]

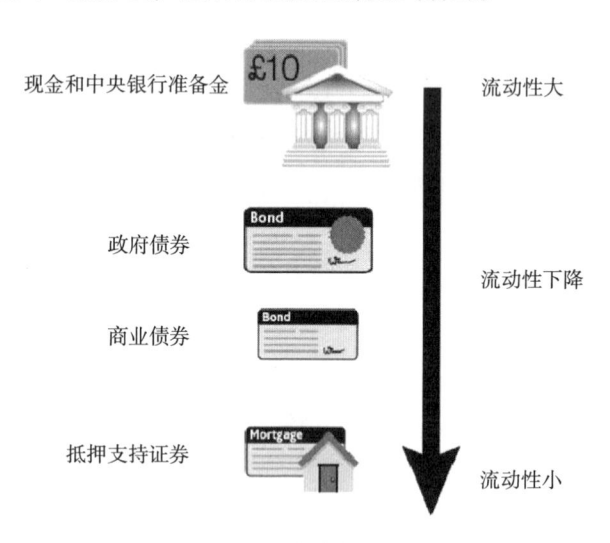

现金和中央银行准备金	流动性大
政府债券	流动性下降
商业债券	
抵押支持证券	流动性小

图 4.1 流动性规模

纸币是流动性最强的资产，可以立即用于买卖或偿还债务等经济活动，从而满足当前的需求。中央银行的准备金，作为商业银行之间交易的电子银行票据，具有同等的流动性。

这样我们就可以认为商业银行货币，也就是我银行账户里的电子货币具有流动性，因为有了电子银行和借记卡，我的银行存款肯定会被广泛接受。实际上，银行存款有时更容易被接受，因为在许多日常支付（包括水电费和税金）中，用电子支付比用现金支付更容易、更便捷。就储户而言，电子货币似乎和现金一样具有流动性，尽管从技术上讲并非如此。

这对于活期账户（current accounts）或活期存款（demand deposit）来说非常容易理解，但储蓄存款或定期存款呢？即时存取储蓄账户（instant-access savings account）实际上和活期账户一样具有流动性。但是如果我取款时必须提前七天通知银行呢？这种特殊的银行存款流动性较差，但一旦我通知了银行，它就会在我的活期账户上变成流动性较强的存款。这有助于解释为什么英格兰银行使用了几种不同的货币供应量指标。它们可以简要概括如下：

1. 中央银行货币（也称为 M0、高能货币、基础货币或狭义货币）

（1）流通中的纸币和硬币（有时称为现金）。

（2）英格兰银行的准备金余额。

2. 广义货币

（1）M1：在银行体系外流通的现金加上活期存款。

（2）M2：M1 加上定期存款，取款时最多须提前三个月通知银行，或至多两年的固定存款期限。

（3）M3：M2加上回购协议、货币市场基金和最多长达两年的债务证券——这是欧洲中央银行估计得出的，旨在使英国与欧洲中央银行为欧元区设定的M3衡量标准保持一致。

（4）M4：M3加上英国银行或建筑协会的其他存款。

现代资本主义不断创造并非完全流动的新型信贷/债务工具的能力，导致情况更加复杂。[3,4] 经济学家查尔斯·古德哈特认为，定义货币在本质上是有问题的，因为每当一个特定的工具或资产被当局公开定义为货币，以便更好地控制它时，就会产生替代品来规避[5]这种控制（这就是所谓的"古德哈特定律"）。[6] 我们将在第5章和第7章重新回到在哪里划定"货币"的界限这个问题。

当我们专注于何时以及如何创造新货币的问题时，定义货币的过程就会变得更容易。在解决好这个问题后，货币定义问题就变得无关紧要了。银行发放贷款时，总是把货币分配到借款人的活期账户上，然后货币就从那里被花出去。当一家银行为我提供透支便利时，它就对我承诺了即使我没有存款，银行也会为我付款。在这种情况下，我付款的对象就有了新创造出来的存款。因此，当人们消费银行发放给他们的信贷时，新的商业银行货币就进入了流通（见第4.2节）。

另外一些人指出，商业银行货币是信用，进而将其与货币和货币供应指标区分开来。这样的论点纯属子虚乌有。我活期账户上的余额是来自我在柜台上用现金存入的1 000英镑，还是来自银行给我发放的1 000英镑贷款，其他人是无法分辨的。甚至我在柜台上存入的现金也是从另一个银行账户中提取的，而这个账户可能是通过贷款或透支筹集的资金。无论如何，正如第2章提到的民意调查显示的那样，如果你在街上拦住某人，并且告诉他，他活期账户上的余额实际上根本不是货币，他很可能会认为你疯了。

国际清算银行对此做了如下描述：

> 当代货币体系建基在中央银行货币和商业银行货币相辅相成的作用上。让一种货币独一无二、与其他货币不同的是，它的不同形式（中央银行货币和商业银行货币）在公众支付时被交叉使用，而不只是按票面价值兑换。[7]

在接下来的章节中，我们将介绍私人银行的信用创造过程，以及私人银行、中央银行和支付系统之间的关系。

4.2 银行作为信用货币的创造者

一位顾客，我们叫他罗伯特，他走进巴克莱银行的一家分行，要贷款1万英镑来装修房子。巴克莱银行核查了罗伯特的收入情况并评估了他的信用等级，认为他有能力偿还贷款。

罗伯特签署了一份贷款合同，承诺在未来三年内，按照双方商定的月还款额偿还这1万英镑，外加利息。这份贷款合同在法律上约束罗伯特向银行偿还贷款。因此，它对银行而言是价值为1万英镑（加上利息）的负债。签约后，巴克莱银行将其作为一项资产记录在资产负债表上（见表4.1）。

表4.1　巴克莱银行贷款

巴克莱银行资产负债表（步骤1）	
资产	负债
借款人欠银行的钱 + 银行的钱 借给罗伯特的1万英镑	银行欠储户的钱 + 银行的净资产

当然，复式记账法（见专栏4.1）需要一个等额且方向相反的会计分录，此外罗伯特想要现在就得到这笔资金。因此，巴克莱银行为他开设了一个新的银行账户，账户余额为1万英镑。这1万英镑是银行对罗伯特的负债，所以它被记录在巴克莱银行资产负债表的负债端（见表4.2）。

表4.2　巴莱克银行同时创建贷款（资产）和存款（负债）

巴克莱银行资产负债表（步骤2）	
资产	负债
借款人欠银行的钱 + 银行的钱 借给罗伯特的1万英镑	银行欠储户的钱 + 银行的净资产 罗伯特新账户中的1万英镑

需要注意的是，巴莱克银行已经扩大了它的资产负债表，它所做的只是在计算机数据库的记录中添加一些数字，记录了它对罗伯特负有债务，同时将罗伯特同意偿还的贷款记为银行资产。这是发放贷款的过程，或者更准确地说，是创造信用的过程。这笔贷款使罗伯特能够通过他的借记卡、支票本或银行转账等，从这个账户上支取最多1万英镑。银行在罗伯特账户上输入的数字可以用来支付，因此其作用如同货币。创造商业银行货币（即公众使用的货币）的过程，就像客户签署一份贷款合同那样简单，然后银行便将数字输入为该客户设立的新账户中。

专栏4.1　复式记账和T形账户

　　复式记账法是一套记录财务信息的规则,其中每笔交易至少要在两个不同的分类账户上体现。

　　复式记账法这个名字来源于这样一个事实:财务信息过去是记录在书本上的——因此叫作"簿记"(而现在主要是记录在计算机系统中)。这些账簿被称为分类账,每笔交易都在借方和贷方各记录一次。

　　会计等式可以作为一种错误检测系统:如果在任何一个时点,借方之和与贷方之和不相等,则说明出现了错误。因此,借方和贷方的总和必须相等。复式记账并不能保证不出错。例如,借记或贷记出现了错误的名义分类账户,或者条目被记反了。

　　在银行的资产负债表上,借方和贷方分别称为资产和负债。银行的资本(或权益)也可以从会计等式导出:权益＝资产－负债。按照惯例,它被记录在负债端(参见表4.8和专栏4.6中对银行偿付能力的解释)。

　　商业银行和英格兰银行通常不使用T形账户,而是先列出资产,然后在下面列出负债,但我们将使用T形账户,因为通过使用相邻操作的两个银行的T形账户,可以更加容易地比较多个银行的资产负债表(例如一个商业银行和中央银行)。

　　如果罗伯特拥有透支权限,则透支的过程是类似的,但是在这种情况下,他的账户中没有被创造新的存款。相反,当他向其他人付款时,会为其他人创造一笔新的存款。透支的额度相当于一笔可变贷款,借款人可以在约定的期限内决定贷款的时间和金额。

银行购买公司或政府债券等证券("可交易贷款")时,将在资产端增加债券,并增加公司相应规模的银行存款。同样,当银行在自己的账户中购买资产、商品或服务,或支付员工工资及奖金时,也会创造新的货币。

这些新增的活期存款代表着经济中新的消费能力——或者说货币,而不是从别人的储蓄中拿走的消费能力。如表 4.2 所示,罗伯特可以随心所欲地花费他的"存款"。然而,如果罗伯特把他的贷款花在其他银行的客户身上,那么其他银行就会要求巴克莱银行与它们结算。下面将介绍这一结算过程。在第 5 章,我们将分析对中央银行准备金的需求和银行间结算将在多大程度上限制银行以上述方式创造信贷或货币的意愿。

4.3 支付:使用中央银行准备金进行银行间支付

如果我和你在同一家银行都有账户,那么我转账给你 500 英镑的过程将非常简单。我只要指示银行这样做,银行就会在电脑上做一笔会计分录,显示 500 英镑离开我的账户,同时 500 英镑进入你的账户。这不会有任何现金的移交,也不需要英格兰银行介入。正如我们在第 3 章中看到的,同一家银行内的这种清算或支付功能从古巴比伦时代就开始了。其需要的只是将一些数字输入计算机(昔日写在泥板上),然后从另一个账户中将其删除即可。

但如果我们像图 4.2 中那样在不同的银行存款,又会是什么样的情况呢？正如我们所看到的，活期存款只不过是一份承诺付款的合同，作为最终付款的一种方式，它是如何从一家银行转移到另一家银行的呢？一种选择是，我以现金的形式提取500英镑，然后交给你，由你存入你自己的账户。当然，我们中大多数人都会觉得这非常不方便。

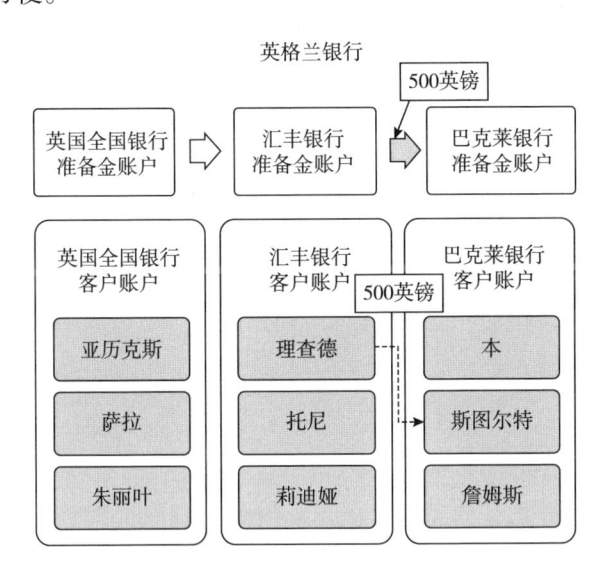

图 4.2　商业银行和中央银行的准备金账户与支付实例

基本上，银行有两种方法可以绕过这个问题。一种方法是银行可以利用其在其他银行的账户直接进行转账，开展一笔相反方向的净额结算交易。这就是所谓的"双边清算"。

另一种方法是银行使用它们在中央银行的账户。英格兰银行有自己的清算系统，有自己的活期存款，这些存款像现金或法定货币一样，可以充当最终支付手段。简单回顾一下第2.3节，我们把这类存款称为中央银行准备金。中央银行准备金加上在银行系统之外流通的纸币和硬币，构成了高能货币，也被称为基础货币、货币基础或中央银行货币。

就像你在特定的银行有一个银行账户一样，银行本身在英格兰银行也有一个银行账户（见图4.3），叫作准备金账户。正如你必须在账户上保持足够的余额，以确保所有的支付都能顺利进行一样，私人银行也必须在英格兰银行的账户上保持一定的准备金余额，以便根据客户要求向其他私人银行进行支付。应该注意的是，正如第3.4节和第3.5节所述，商业银行自18世纪70年代以来就一直将中央银行准备金作为与其他银行清算的手段。

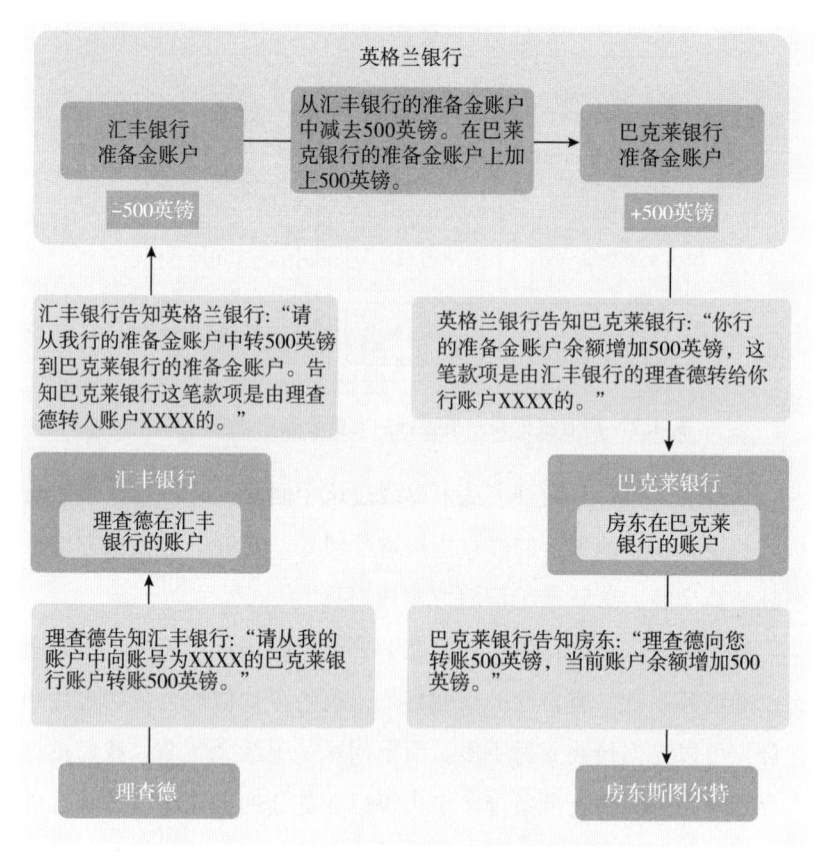

```
                        英格兰银行
┌─────────────┐  ┌──────────────────┐  ┌─────────────┐
│  汇丰银行   │  │从汇丰银行的准备金账户│  │ 巴克莱银行  │
│ 准备金账户  │  │中减去500英镑。在巴莱│  │ 准备金账户  │
│             │  │克银行的准备金账户上加│  │             │
│             │  │上500英镑。        │  │             │
│  -500英镑   │  └──────────────────┘  │  +500英镑   │
└─────────────┘                         └─────────────┘
       ▲                                       │
       │                                       ▼
┌─────────────────────┐              ┌─────────────────────┐
│汇丰银行告知英格兰银行：│              │英格兰银行告知巴克莱银行：│
│"请从我行的准备金账户中│              │"你行的准备金账户余额  │
│转500英镑到巴克莱银行的│              │增加500英镑，这笔款项 │
│准备金账户。告知巴克莱 │              │是由汇丰银行的理查德转│
│银行这笔款项是由理查德 │              │给你行账户XXXX的。"   │
│转入账户XXXX的。"     │              │                     │
└─────────────────────┘              └─────────────────────┘
       ▲                                       │
┌─────────────┐                         ┌─────────────┐
│  汇丰银行   │                         │ 巴克莱银行  │
│理查德在汇丰 │                         │房东在巴克莱 │
│银行的账户   │                         │银行的账户   │
└─────────────┘                         └─────────────┘
       ▲                                       │
       │                                       ▼
┌─────────────────────┐              ┌─────────────────────┐
│理查德告知汇丰银行："请│              │巴克莱银行告知房东："理│
│从我的账户中向账号为  │              │查德向您转账500英镑，│
│XXXX的巴克莱银行账户  │              │当前账户余额增加500  │
│转账500英镑。"       │              │英镑。"              │
└─────────────────────┘              └─────────────────────┘
       ▲                                       │
┌─────────────┐                         ┌─────────────┐
│   理查德    │                         │ 房东斯图尔特│
└─────────────┘                         └─────────────┘
```

图4.3　理查德向房东支付500英镑

在图4.2中，理查德向他的房东斯图尔特支付了500英镑，结果只是他们各自银行的准备金账户（汇丰银行和巴克莱银行）之间进行了一笔转账。

中央银行准备金的数量由中央银行决定。中央银行调整它的准备金数量以确保商业银行可以获取足够的准备金满足彼此之间的支付需求。它确保了清算系统有足够的"流动性"。商业银行不能"拥有"中央银行准备金，就像你我不能"拥有"活期存款一样。相反，商业银行从中央银行借入中央银行准备金，以增加准备金余额。商业银行通过这种贷款形成了对中央银行的负债，而中央银行由于商业银行的欠款形成了一笔资产（见表4.3）。或者，商业银行可以将证券卖给中央银行，然后获得中央银行支付的准备金。

表4.3 私人银行和中央银行的资产负债表（显示准备金）

私人银行		中央银行	
资产	负债	资产	负债
（借款人欠银行的钱）	（银行欠客户的钱）		
客户贷款	客户存款	私人银行贷款	私人银行存款准备金
中央银行准备金	中央银行贷款		

我们以理查德向房东斯图尔特进行支付为例，展开详细分析。按照图4.3中的步骤，我们来了解这笔款项是如何支付的。

交易完成后，汇丰银行和巴克莱银行的资产负债表将发生以下变化：

与银行存款一样，中央银行准备金也不是有形的。它们仅仅是计算机存储的数字（见专栏4.2）。从表4.4中我们可以看出，理查德付给房东500英镑后，中央银行准备金账户的总金额并没有改变；而汇丰银行的准备金账户被扣掉500英镑，巴克莱银行的准备

表4.4　私人银行资产负债表

汇丰银行		巴克莱银行	
资产	负债	资产	负债
-500英镑中央银行准备金给巴克莱银行	-500英镑（理查德支付给斯图尔特）	+500英镑中央银行准备金（来自汇丰银行/理查德）	+500英镑（欠房东斯图尔特）

金账户增加了500英镑，房东斯图尔特的活期存款也增加了500英镑。这些账户是彼此分开的，但互为镜像。

因此，这个系统中不需要任何额外的货币。

专栏4.2　货币作为信息——英格兰银行的电子货币

英格兰银行的准备金账户并不是一个可以存放硬币和纸币的实体金库。它只是计算机数据库中的一份会计记录——从技术上讲，它并不比 Excel 电子表格中的数字更复杂。中央银行准备金是存储在计算机记录中的数字，它不是有形的，也不会像有形现金那样被窃取。中央银行的准备金不需要任何成本，因为10亿英镑可以在与输入以下数字相同的时间内被创造出来：1 000 000 000。

重要的是要认识到，除了少量纸币和硬币之外，所有货币都只不过是计算机数据库中的数字记录。事实上，如果你能够访问中央银行准备金账户的数据库，它可能是这样的：

账户名	金额
巴克莱银行	125 352 003 023.54 英镑
劳埃德银行	250 015 135 010.24 英镑

> 中央银行的准备金并不比上面所列的 3 750 亿英镑更有形。与 MP3 播放器中的普通歌曲相比，中央银行准备金计划的完整记录在英格兰银行电脑硬盘上占用的空间更小。①

4.3.1 银行间清算：减少对中央银行准备金的需求

汇丰银行的准备金余额减少了 500 英镑，巴克莱银行的准备金余额增加了 500 英镑，这一事实可能意味着，汇丰银行需要补充其余额，以便有足够的资金支付其他款项，而巴克莱银行可能会减少其余额。

然而，实际上，全国有数百万人通过少数几家主要银行相互转账（见图 4.4）。这些银行可以在它们的计算机系统上做一个记录，通常在每天结束的时候，许多交易行为会相互抵消——这被称为日内清算。因此，银行之间在一天结束时实际转移或隔夜实际拆借的中央银行准备金数额（在中央银行准备金"桶"之间的流动）只占客户之间交易总额的一小部分。任何一家银行在客户支付总额中所占的比例越大，它可能需要的准备金就越少，因为这么多交易都发生在它自己的客户之间，而不是它与其他银行之间。

例如，就在 2007 年金融危机爆发前夕，劳埃德银行［Lloyds Bank，现已与苏格兰哈里法克斯银行（HBOS）合并］占据个人经常账户市场 19% 的份额。[8] 这意味着，英国有 20% 的人在劳埃德银行存款，因此它可以在自己的客户之间进行大量交易，无需任何中

---

① 当然，每个账户之间进出的数十亿笔交易的完整记录，将比简单的总余额记录占用数千倍的空间。

银行间日内清算和取现

中央银行准备金隔夜拆借

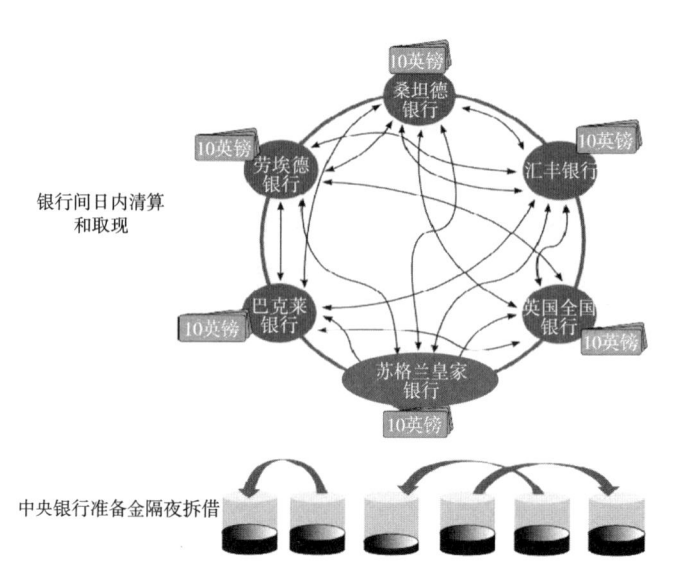

图4.4　6家商业银行之间日内清算和中央银行准备金隔夜拆借简图

央银行准备金，或无需与其他银行进行余额清算。此外，每天有数千万英镑从它的账户转到不同的银行，所以数千万英镑将从同样的银行转回来。显然，这些流入和流出之间的差额远小于资金流的总额。因此，劳埃德银行只需要保持中央银行货币占其总支付金额的一小部分即可，这就赋予了其规模上的商业优势。在其他条件相同的情况下，银行规模越小，它为结算客户交易而需持有的中央银行准备金数额相对越大，因此能够持有的盈利资产规模相对越低。

在每天营业结束时，商业银行要么是中央银行准备金的"空头"，需要借入更多的准备金；要么是中央银行准备金的"多头"，拥有"过剩"的流动性。如图4.4所示，我们可以把银行在中央银行的准备金想象成不同数量的流动性。有些银行的存款很多，有些银行的存款很少，所以它们会互相交易，以平衡差额，为第二天的交易做准备。为了调整准备金率，银行可以直接从中央银行借款，或者更常见的做法是在银行间货币市场上与其他银行进行隔夜拆借。拥有超额准备金的银行通常会把准备金拆借给需要的银行，以换取高流动性的生息资产，通常是国债即政府债券（见专栏3.1）。银行间贷款的利率通常比银行直接从中央银行借款的利率更低。

> **专栏4.3 什么是LIBOR？它与英格兰银行的政策利率有何关联？**
>
> 伦敦银行间同业拆借利率，简称LIBOR，代表主要银行从其他银行借款时支付的平均利率。LIBOR不是某一种利率，而是根据10种货币、从1天到1年之间15种期限的利率，每天计算和发布的。
>
> 为了计算LIBOR，一个由8至16家银行组成的小组（具体根据不同货币而定）需要提交以下问题的答案："你能以什么利率借入资金，你会在上午11点之前在合理的市场规模下要求并接受银行间报价吗？"
>
> 这些提交的利率是按年计算的（例如，将1天期限的报价乘以365，得到一年期限的报价）。然后，将报价顶部和底部的25%去掉，对剩余的50%计算平均值，在上午11:30左右报告结果。汤森路透代表英国的银行行业组织英国银行家协会（British Bankers Association）每天实施这一过程和计算。
>
> LIBOR很重要，因为大量金融合约的定价都与之相关（总计数万亿英镑），而参与决定LIBOR的银行往往是这些合约中的交易对手，它们的衍生品或自营交易部门也押注LIBOR的走势。

理论上，如果英格兰银行正在运行一个利率走廊系统（见附录1），那么LIBOR不应超过利率走廊设定的边界。我们猜测没有哪家银行会以比英格兰银行的要求更严苛的条件在市场上交易。然而，实际上未必如此——在2007—2008年，尽管银行可以从英格兰银行借入利率较低的准备金，但LIBOR利率仍大幅高于英格兰银行的基准利率。为什么银行选择以更高的利率从市场借款？简而言之，它们担心求助英格兰银行会让它们看起来陷入困境，这可能会引发挤兑，或致使其他银行不愿向它们放贷。从本质上讲，使用英格兰银行贷款便利会使银行声誉受损。

许多参与LIBOR设定的银行已被投资者以市场滥用为由提起诉讼。[①] 美国、英国和欧洲监管机构随后对多家报告银行展开了调查，2012年夏天，三大洲的十多家主要银行被判操纵LIBOR，其中巴克莱银行被罚款2.9亿美元。

问题在于，LIBOR并非基于实际交易，而且银行之间存在利益冲突；它们是大型交易中的对手方，同时也是价格制定者，能够影响未来的LIBOR，而LIBOR将决定这些交易的利润。然而，如果报告的利率没有按交易规模进行加权，那么LIBOR即使建立在实际交易上也是不够的。银行有可能通过以各自偏好的利率从事和报告小额交易来影响平均权重。

英国政府为此建立了一个独立的审查机制，2012年9月27日，英国金融服务局局长马丁·惠特利（Martin Wheatley）

---

① 例如，2012年4月，巴尔的摩市市长和其他人士向纽约地方法院提起了反垄断诉讼。[9]

> 报告了这一审查结果。他建议，LIBOR 的主办方应从英国的银行行业组织——英国银行家协会，转变为一个完全独立、受监管的管理机构。此外，他呼吁取消 5 种货币和 1 540 种日固定利率中的 130 种，且利率制定过程要接受英国金融服务局的监管。[10]

中央银行的准备金从一个账户中取出，就必须在另一个账户中增加。这就意味着，清算系统内的 46 家银行都知道，总会有足够的资金来满足所有必要的支付。如果中央银行强制实施一种规则（我们将在第 5.2 节中研究流动性监管），可能就没有足够的准备金来满足流动性要求。这意味着，如果一家银行发现自己的准备金太少，无法支付贷款，它就可以从该循环内的另一家银行借到中央银行准备金，按照定义，这家借出的银行拥有超额准备金。反之亦然，如果一家银行拥有超额准备金，它就可以把这些准备金借给需要更多准备金的银行。正如我们稍后讨论的，一个重要的前提是，银行必须对彼此有足够的信心，乐于互相放贷。这些转移是在银行间货币市场（见专栏 3.2）上按银行间市场利率（见专栏 4.3）进行的。我们将在第 5 章探讨英格兰银行如何影响这一利率。

4.3.2 对货币供应的影响

商业银行可以通过多种方式增加或减少其在中央银行的准备金。它们可以从其他银行或中央银行借入额外的准备金，通常是将英国国债作为抵押品。当中央银行将准备金借给商业银行时，实际上就创造了这些准备金。银行还可以向中央银行或其他银行出售证券，以换取额外的准备金。

然而，商业银行货币并不一定要从中央银行获得，还可以由银行依照自己的意愿创造。正如凯恩斯所言，如果所有银行"步调一致"，都创造新的贷款（这在经济信心高涨时期相当普遍），那么经济中的货币总量将会增加，中央银行可能会被迫增加体系中的总准备金，以确保支付体系不会崩溃。[11]这一动态过程在学术术语中通常被描述为"内生的准备金（或货币）供应"，第 5 章将对其进行进一步探讨。

就像银行在发放贷款时会创造新的货币一样，当客户偿还贷款时，这个过程就会反过来，这些货币就会消失。因此，银行必须在经济中不断创造新的信贷，以抵消现有信贷的偿还。然而，当银行背负着沉重的坏账，且不愿意再承担风险时，人们偿还的贷款将超过银行创造的新贷款，货币供应收缩，从而形成下降趋势。

4.4 现金和铸币税

英格兰银行清算支付系统是一个闭环系统（见图 4.4）。作为一名客户，我不能以中央银行准备金的形式提取我的银行存款。然而，我可以以现金的形式从银行系统中取款。商业银行的一项关键功能是，当客户的账户余额为正时，按需向客户提供现金，但要受到一定的限制，比如在英国每人每天在自动取款机上取款的上限为 250 英镑。

这些现金来自哪里？就像中央银行准备金一样，它来自中央银行。为了满足客户对现金的需求，商业银行将其在中央银行的部分准备金转为现金。因此，当客户提现时，银行的负债下降等同于其现金持有量下降（见表4.5）。商业银行的资产负债表除了记录其在中央银行持有的资产（准备金），也会记录其现金持有情况。

表4.5 私人银行和中央银行的资产负债表

私人银行		中央银行	
资产	负债	资产	负债
客户的贷款（银行所有）	客户的存款		
中央银行准备金和现金	从中央银行获得的贷款	给私人银行的贷款	私人银行的存款准备金和向私人银行发行的纸币

每家银行都必须在其营业场所持有足够的现金，以确保其账户持有人能够随时取用这些现金。因此，按需持有现金的要求对银行形成了具体的流动性限制，但随着经济中用于支付的现金比例下降（见第3.6节），这种限制已变得越来越不重要。

4.4.1 现金是"无债"货币吗？

鉴于英格兰银行仍在发行纸币，一些货币分析师由此认为存在两种"货币供应"。首先是现金供应，由英格兰银行创造并通过向商业银行贷款注入经济；其次，更大的货币供应是银行创造的货币，这种货币是银行向企业和公众发放贷款、购买资产时创造的。实际上，正如我们在第4.1节中讨论的，英格兰银行的统计数据确实区分了现金和"广义"货币供应，"广义"货币供应包括商业银行货币。

然而，现实却略有不同，现金的地位确实不同于银行存款——正如北岩银行挤兑事件表明的那样，人们对纸币更有信心——公众可以通过银行存款获取现金。从这个意义上讲，人们可以将现金描述为商业银行货币的实物代表，英格兰银行对这些货币保有品牌权。其原因如下：当英格兰银行发行纸币时，它不会将纸币交给政府直接用于经济支出。相反，它将这些纸币卖给商业银行，以换取商业银行购买国债（政府债券）或存放中央银行准备金。因此，对于政府来说，尽管英格兰银行确实会在出售纸币中获利，而这些利润的一部分最终会流入财政部（见专栏4.4），但纸币并非政府的"无债"货币。

商业银行实际上是将现金"出售"给公众；当你从取款机上提取货币时，你并不是真的从你的账户中取出现金。反过来，你也可以把纸币换成银行存款（你账户上的数字）。从银行的角度来看，它们最初有一笔资产（10英镑纸币）和一笔对你的负债，记录着你的银行存款余额。当你从自动取款机上取出现金时，银行的资产和对你的负债都会减少10英镑，因为它们会把现金交给你，并将你的账户余额减少10英镑（见表4.6）。

表4.6 取10英镑现金

私人银行A	
资产	负债
持有现金＝100英镑	亚历克斯的存款＝100英镑
亚历克斯从取款机取出10英镑	

私人银行A	
资产	负债
持有现金＝90英镑	亚历克斯的存款＝90英镑

这表明，只有当公众的账户中有商业银行货币，或者他们向中央银行出售资产（如债券）时，他们才能获得现金。政府或中央银

行增加货币供应的唯一方式是从非银行私人部门购买资产,或政府通过贷款合同从商业银行借款。①

> **专栏4.4 铸币税、现金和银行的"特殊利润"**
>
> 英格兰银行向商业银行出售纸币。它们按面值出售这些纸币(一张10英镑的纸币售价为10英镑),但印制一张10英镑纸币的成本只需几便士。面值与生产成本之间的差额使英格兰银行获得了可观的利润。这种货币创造的利润被称为铸币税,并被交给财政部,财政部可以将其用于政府开支或减少税收。在2000年至2009年,铸币税总额接近180亿英镑。[12]
>
> 商业银行货币是数字化的,其增长(相对于政府发行的现金)具有显著降低政府从总货币供应量中获得铸币税利润的效果。[13]商业银行本身并不产生铸币税,因为它们发行的信贷在某一时刻将被全额偿还。然而,正如我们在第3.4节中讨论的部分准备金银行制度,商业银行拥有通过贷款发行货币的权力,可以通过对贷款和透支工具收取利息来产生"特殊利润"。
>
> 胡贝尔(Huber)和罗伯逊(Robertson)[14]认为,银行发行货币所收取的利息可以被视为一种"货币税",因为政府可以直接向经济中发行不含利息的货币。他们还认为,银行享有某种形式的额外"特殊利润",因为它们不需要像其他机构那样先借入货币。这种"特殊利润"可以相当于贷款期间中央银行的基准利率。

---

① 正如从1994年以来沃纳所论证的,详情请参阅 Werner(2000[15],2005[16])。

> 由此产生的利润总额是对贷款收取的利率（如8%）+基准利率（如2%）=10%，再减去银行对客户贷款中未花费部分支付的利息。这与6%（8%–2%）的"息差"利润形成了鲜明对比。胡贝尔和罗伯逊用这种方法计算出，2000年通过这种方式产生的"特殊利润"为210亿英镑。[17]

4.5 银行如何决定需要多少中央银行货币？

银行如何决定持有多少中央银行货币（准备金和现金）用于支付？让我们来看一个例子：

巴克莱银行向琼斯夫人提供了1万英镑的贷款。这就产生了1万英镑的有息资产。与此同时，它为琼斯夫人创造了1万英镑的有息存款，她可以把这些钱花出去。

然而，巴克莱银行知道琼斯夫人可能想把这1万英镑中的一部分兑换成现金。此外，她还可能会通过电子手段将一些资金转移到其他银行，这意味着巴克莱银行将需要增加一些中央银行准备金。

因此，巴克莱银行可以在货币市场上出售其部分流动资产（政府证券），在收到其他银行对其出售资产的付款时，补充其中央银行准备金。它应该增加多少现金和中央银行准备金，才能保持足够的流动性来满足这笔新贷款的现金支取与转账需求？鉴于2010年实物现金与客户活期存款的比例为1∶37[①]，巴克莱银行决定只需

---

① 作者的计算数据来源于英格兰银行的统计，用2010年12月的M4除以纸币和硬币总量而得。

要额外270英镑（1万英镑/37）现金。此外，由于2010年中央银行准备金与存款之比为1∶15，因此巴克莱银行决定将在其准备金账户增加667英镑（1万英镑/15），这需要从银行间市场借入额外的准备金。因此，在1万英镑的贷款总额中，该银行只需获得额外937英镑的中央银行货币——不到贷款总额的10%。①

平均而言，在2008年金融危机之前，银行的中央银行货币与客户的存款之比为1.25∶100。在后危机时期，银行更加审慎，为每100英镑的客户存款持有的中央银行货币为7.14英镑。②

4.6 商业银行货币和中央银行货币一样好吗？

让我们简要回顾一下第1章提出的银行作为一个保管箱的流行概念。如果你的银行账户上有500英镑，那么合乎逻辑的假设是银行必须有500英镑的中央银行货币供你使用，但事实并非如此。作为银行的客户，你不能获得任何中央银行货币，就像无法在保险库有一捆写着你名字的现金一样。正如我们所看到的，对于你的500英镑，银行将只持有一小部分中央银行准备金。就像之前的金匠一样，银行知道任何时候都不会有很多客户同时要求把所有的存款兑换成现金。银行也知道，在实时全额支付系统（以下简称"RTGS"）的闭环内（见专栏4.5）尽管支付流和银行存款准备金

---

① 作者的计算数据来源于英格兰银行的统计，用2006年的M4除以纸币和硬币总量而得。
② 作者的计算数据来源于英格兰银行的统计，用2010年的M4除以纸币和硬币总量而得。

会离开银行，但也会有类似数量的货币回到银行。

> **专栏4.5 实时全额支付系统**
>
> 　　目前有46家银行在英格兰银行开设了准备金账户。[18]这些准备金账户之间平均每天的转账金额约为7 800亿英镑。[19]46个准备金账户共有2 070个不同的支付流在账户之间双向流动（货币可以从一家银行转移到另一家银行）。① 并非每家银行都必须与其他45家银行打交道，才能进行彼此之间的支付，它们只需向英格兰银行的实时全额支付系统处理器发送支付指令。
>
> 　　RTGS成立于1996年，是一个计算机系统，它存储着每家银行的准备金账户余额和往来各准备金账户的交易。RTGS处理器通过减少支付银行准备金账户的余额、增加接收银行准备金账户的余额来完成资金转移。
>
> 　　RTGS通过RTGS处理器，在准备金账户之间即时完成支付总额的全部转移。这与"多边净结算"系统形成了鲜明对比。在"多边净结算"系统中，银行间的交易排队，要尽可能多地进行抵消，例如银行A向银行B支付的款项可能会抵消银行B向银行A支付的另一笔款项。抵消后的净额以固定时间间隔进行转移，如每两个小时一次的"快捷支付服务"，或每天转移一次的BACS（银行自动结算系统）。

---

① 46家银行都可以各自向另外45家银行汇款，假设一家银行把每一个支付方向都算作一次"流动"，而不是按照每一次的双边关系计算（在这种情况下，这个数字将是原来的一半，即1 035）。

你的货币不是中央银行货币，也不是由中央银行货币一英镑兑一英镑支撑的货币。你的货币是商业银行的"支付承诺"，但正如我们在第3章关于货币历史和性质的分析中看到的，即使是中央银行货币，也只是政府强制执行的支付承诺。中央银行货币（包括现金）与商业银行货币之间的信用差异，由于国家对商业银行货币的保险而进一步模糊。

4.6.1 存款保险

与普通企业相比，商业银行处于相当有利的地位。它们不仅被允许创造货币和分配购买力，而且如果它们无力偿还债务，其他人也可以为它们的负债提供担保。在政府的支撑下，那个其他人就是你——纳税人。正如我们在第2章中所述，金融服务补偿计划（FSCS）保证，在英国持牌银行无法支付款项的情况下，政府将偿还存款人存入英国各持牌银行的8.5万英镑存款。这8.5万英镑是无风险的。国家已经将其从银行发行的借据转变为政府发行的借据。对于任何超过8.5万英镑的存款，如果银行进入清算阶段，你就会被加入普通无担保债权人的行列（在有担保债权人和优先债权人之后），还有希望收回部分资金。

总而言之，你在银行的账户为你提供了向另一家银行转账的权利，担保金额高达8.5万英镑。

这些制度安排强化了人们对银行信用就是货币的认知，而且由于银行可以发放信贷，它们可以像英格兰银行开动印钞机印制更多钞票那样有效地创造货币。

4.7　货币调控：回购、公开市场操作和量化宽松

在第 3 章末尾，我们讨论了 20 世纪 70 年代英格兰银行实施货币政策的方式如何发生根本性转变。随着新型金融机构——二级银行（secondary banks，见第 3.6.3 节）开始大举放贷，英格兰银行决定，与其试图监管整个银行体系提供的信贷数量，不如影响信贷的价格。信贷的价格或成本是银行放贷时收取的利率。这在一个信息完全、市场完整且竞争激烈、价格灵活、交易成本为零、代理人效用最大化（这些是市场出清或达到均衡所必需的条件）的世界里，是有意义的。在这样一个世界里，高利率应该导致信贷需求的减少，反之亦然，因为信贷市场和所有市场一样，都将处于均衡状态。

每一家商业银行都可能需要从中央银行借入准备金和现金，因此从理论上讲，通过改变中央银行准备金的利率，英格兰银行可以影响客户对银行贷款的需求，因为银行将把利率的变化传递给客户。

银行通过银行间同业拆借或批发市场（见专栏 3.2），出售或借出政府债券（金边债券，见专栏 3.1），间接获得准备金。银行以适用于它们的市场利率互相拆借准备金，利率会因银行而异，并可能偏离 LIBOR。市场利率越接近英格兰银行设定的政策利率（央行利率），央行利率的调整就越有效，货币政策的执行也就越"可靠"（参见第 5.2 节和附录 1）。[20]

中央银行不能直接决定银行间市场的利率，但它可以通过在这个市场上借贷准备金来影响市场利率，使这个利率接近政策利率。这些贷款调控通过回购协议（repos）和其他公开市场操作，或者提供"经常性融资便利"来实施。

4.7.1 回购和公开市场操作

如图 4.5 所示，中央银行可能不得不向商业银行发放贷款，为它们提供资金来增加准备金账户存款。因此，英格兰银行公开市场操作的主要目标是提供足够数量的准备金。如今，它主要通过有担保的贷款或回购来实现这一目标，而不是从银行购买或出售政府债券或英国国债来投放或回收现金。回购是一种抵押贷款，商业银行必须提供高质量的抵押物，如英国国债，以换取贷款。① 通过回购和逆回购，中央银行可以非常迅速、准确地增减金融体系中的流动性。然而，它们只是中央银行交易的一个例子。在实践中，中央银行总是在进行购买和出售操作，通过计算这些交易的净额，可以观察到它们真正的量化货币政策立场。

回收流动性：
1. 英格兰银行向银行间货币市场出售政府债券。
2. 它接收中央银行准备金/现金作为回报，从商业银行在中央银行的账户中提取准备金，减少系统中的流动性。

增加流动性：
1. 英格兰银行从银行间货币市场购买政府债券。
2. 它提供中央银行准备金/现金作为回报，增加商业银行的准备金，增加系统中的流动性。

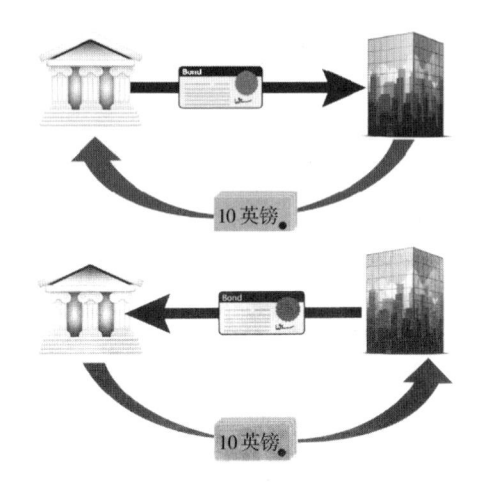

图 4.5　英格兰银行的公开市场业务

---

① 从法律上看，回购指的是将证券以现金形式出售，并同意在预定的较晚日期向另一方向转售证券，但这实际上意味着抵押贷款。

在英国的正常时期（即 2008 年之前），银行需要决定它们每个月希望持有的中央银行准备金数量，以匹配它们向其他银行的支付。[21] 因此，中央银行准确地知道应该向银行系统借出多少钱。然后，这些准备金通过货币市场在银行之间进行分配（2007—2008 年金融危机以来的发展情况见附录 1）。

由于（货币市场）贷款利率是货币政策委员会的政策利率，而准备金的需求由中央银行的供应来满足，货币市场上的交易利率往往接近政策利率。然而，在某些情况下，市场利率可能偏离政策利率。这通常是由于某种市场层面的摩擦或信心丧失，或者可能是由于一家银行缺乏准备金，无法履行其在银行间市场的（偿付）承诺。

如果中央银行认为，在银行间市场提供额外流动性是有好处的——通常表现为银行间利率（LIBOR 或银行实际支付的利率）显著高于政策利率——央行就可以向银行提供额外贷款，这些贷款以政府证券作为抵押，或者是直接购买资产。

一旦认定市场不再需要这些额外的准备金，央行就可以等到贷款到期，或者通过向市场出售证券，快速回收超额准备金。

RTGS 系统（见专栏 4.5）需要大量准备金类资产，如政府证券。因此，在 20 世纪 90 年代末，为了保证流动性，回购和短期（隔夜）公开市场操作大量增加。从中央银行的角度来看，当它批准实施回购时，事实上是一种有担保的贷款，因为贷款背后有政府证券的担保。抵押给中央银行的政府证券将继续作为资产出现在商业银行的资产负债表上。增加的中央银行准备金资产将与对中央银行的相应负债一起出现。

4.7.2 经常性融资便利

英格兰银行拥有一系列旨在帮助银行应对异常市场状况的工具。例如，它提供了经常性融资便利，通过这一工具，银行总是可以以惩罚性利率（相对于政策利率而言）向中央银行借入或借出额外资金。通常情况下，借贷利率分别高于和低于政策利率一个百分点。

贷款便利（lending facility）允许银行以政府债券作为交换直接从中央银行借入准备金；存款便利（deposit facility）允许银行直接将准备金存入中央银行。[22]

如果一家商业银行获得了"新的"中央银行货币，那么该系统的准备金总量就会增加。考虑到这一点，英格兰银行只会通过以下两种渠道将英国国债兑换为中央银行准备金：

1. 操作性贷款便利主要是常规时期的货币政策工具。它允许商业银行以高于英格兰银行利率25个基点的息差，将英国国债隔夜兑换为中央银行准备金。这种短期贷款的主要目的是，如果一家银行遭遇暂时的支付困难，或者如果银行间隔夜拆借利率变得特别不稳定，那么它将为借贷提供便利。惩罚性利率和贷款的短期性质是为了确保不使用额外准备金来提供更多的贷款。

2. 资产购买便利（asset purchase facility，也称为量化宽松，见第4.7.3节）允许中央银行直接购买英国国债和其他类型的资产，并为此发行中央银行准备金。这可能有助于降低资产市场的利率，增加流动性，从而刺激银行重新开始放贷。然而，即使利率保持不变，它也可能导致更多的货币在经济中流通，从而刺激经济活动。必须指出的是，为了遵守《马斯特里赫特条约》第101条（见第6.1节），英格兰银行为换取准备金而购买的金边债券并不是直接从政府购买的。

除了使用金边债券交换准备金外，英格兰银行还通过贴现窗口便利（discount window facility）使用其他资产交换金边债券（见第4.7.4节）。

4.7.3　量化宽松

中央银行告诉我们，货币政策主要是通过利率执行的。官方的描述大致如下：当英格兰银行认为经济正在升温时，它将加息以抑制经济活动；相反，如果经济活动低迷，中央银行将降低政策利率，从而刺激增长。

这种官方说法受到了批评，因为几乎没有经验证据能够支持它；利率倾向于跟随经济增长，并与之正相关。[23,24]当利率被多次下调，却没有达到预期的效果，以至于接近于零时，这种官方说法存在的问题变得尤为明显。然后，相同的经济理论就会建议，利率需要降至零以下，变成负值——实际上，这是通过要求银行缴纳费用来惩罚那些持有中央银行准备金的银行。这在实践中不难实施，正如瑞士和瑞典所做的那样，但沃纳认为，在银行业危机之后可以将利率降至零或零以下，可这并不会带来经济复苏，因为利率不是银行信贷创造的决定性因素。20世纪90年代，当日本银行面临这种局面时，它重申了官方对货币政策的描述，认为进一步降息既是必要的，也是唯一可行的政策。当日本将短期利率从20世纪90年代初的7%下调至90年代末的0.001%时，结果并不理想：日本仍深陷通缩泥潭。因此，在2001年3月，日本银行采取了扩大银行准备金的货币主义政策，这一政策在20世纪80年代初各国中央银行中很常见，但由于效果不佳而被放弃了。这项政策也是无效的，但由于最早使用了扩大信贷创造的标签——"量化宽松"——它激发了投资者和评论者的想象力。因此，如今货币主义的准备金或基础货币扩张通常被称为"量化宽松"（QE）。①

与日本银行不同，美联储前主席伯南克解释说，美联储实施了一项更直接的政策，旨在扩大银行信贷创造。② 随着银行信贷增长的复苏，这种做法在2012年得到了回报。

相比之下，英格兰银行在"量化宽松"的标签下采用了日本银行的货币主义准备金扩张政策，尽管它做了大量努力来确保（在很大程度上）非银行部门购买债券，但没有直接针对银行信贷创造。2009年至2012年9月，英格兰银行通过连续4轮量化宽松，创造了3 750亿英镑的中央银行准备金：2009年3月至11月的2 000亿英镑，2011年10月至2012年1月的750亿英镑，2012年2月至5月的500亿英镑，以及2012年7月的500亿英镑。英国量化宽松政

---

① 1994年和1995年，理查德·沃纳提出了"量化宽松"一词，提出了一项可以扩大信贷创造的政策建议。[25]通常在人们的认知里，日本银行于2001年3月19日开始实施量化宽松政策，但其在2001年3月对政策的官方描述中没有使用"量化宽松"一词，而且日本的计划在关键方面与沃纳的量化宽松计划也有所不同。事实上，沃纳曾预测，在银行业危机之后，单纯的准备金扩张是行不通的，即无论是降息还是非货币化的财政政策，都不会奏效。[26,27,28]

② 美联储前主席本·伯南克曾积极参与讨论20世纪90年代日本银行的政策。为表示区别，他将美联储在2008年的政策称为"信贷宽松"（credit easing），这是一种更接近沃纳对"量化宽松"原始定义的表达。[29]伯南克（2009）[30]认为"改变银行准备金数量的政策，是一种相对较弱的渠道，至少在美国是如此"。

策的出台遵循了与日本相同的逻辑：英格兰银行已经将利率降至0.5%，这是该行历史上的最低水平，但经济仍在收缩。

债券购买操作机制，包括量化宽松

通过使用T形记账图，我们可以更好地理解这一过程（见表4.7—表4.10）。[31]

表4.7 量化宽松对中央银行资产负债表的影响

资产	负债
+"资产购买便利"贷款	+额外的准备金

表4.8 量化宽松对资产购买便利实体资产负债表的影响

资产	负债
+金边债券购买	+向中央银行借贷

表4.9 量化宽松对养老基金资产负债表的影响

资产	负债
-金边债券卖出	
+存款	不变

表4.10 量化宽松对商业银行资产负债表的影响

资产	负债
+中央银行准备金	+存款（属于养老基金）

首先应该指出的是，英格兰银行创建了一个新的机构来处理金边债券的购买——APF（资产购买便利）。① 英格兰银行向APF提

---

① 资产购买便利的创建，使英格兰银行能够清晰地区分量化宽松与更标准的公开市场操作（见第4.7节），尽管本质上是在进行相同的活动。或许更为重要的是，它允许中央银行避免在资产负债表上按市价对这些投资进行计价，同时又能坚持其正在实施的市场计价规则（mark-to-market rules）。

供贷款，APF利用这些资金从非银行投资部门（如养老基金）购买英国国债（见表4.7和表4.8）。养老基金减持英国国债，相应增加商业银行存款。这是基金中资产构成的变化，而负债没有变化（见表4.9）。养老基金的银行在资产负债表的资产方面从APF获得了额外的中央银行准备金，而在贷款给养老基金的银行账户时，负债方面的存款也相应增加（见表4.10）。因此，当APF从非银行部门购买英国国债，而这些收益没有用作闲置的准备金或银行存款，也没有用于从银行部门购买债券时，量化宽松确实创造了新的购买力。

量化宽松应该如何影响经济？量化宽松可能通过多种渠道对经济产生影响。首先，随着商业银行持有的中央银行准备金水平显著提高，人们希望额外的流动性能使银行增加对实体经济的放贷，为新的GDP交易创造信贷（"流动性效应"）。但这是该观点中最薄弱的部分，正如过去日本的经验所证明的那样，这是不可能的，因为大量不良资产会引发银行较高的风险厌恶情绪。①

其次，由于中央银行购买了大量的政府债券，它们在市场上的可得性下降。人们希望投资者转向支持企业的其他投资形式（"投资组合再平衡效应"），然而，只有在一级市场购买新发行的公司债券和股票才能提高企业的购买力，而一级市场仅占资本市场总成交量的一小部分。

再次，通过大规模购买英国国债，英格兰银行希望推高英国国债的价格，从而压低投资者所接受的利率。人们期望这能增加其他类型金融资产的吸引力并刺激增长，产生"财富效应"。

这三条渠道都是间接的，都是试图通过金融体系刺激实体经

---

① 确实，最近的一项实证研究发现，英国央行的量化宽松政策对经济没有任何影响。[32]

济。因此，中央银行的债券购买操作，包括所谓的量化宽松，不会直接为家庭、企业或政府创造新的信贷或存款（购买力）。非银行金融（或投资）部门可能会创造新的信贷。投资部门可能选择将这种新的购买力投资于新发行的公司债券或股票，从而推动公司增加支出。然而，投资部门也可能选择购买英国以外的政府或公司债券，或投资于现有的金融资产，如以前发行的债券或股票，或投资于石油或食品等大宗商品的衍生品，其结果是推高这些资产的价格。或者出于对未来经济的担忧，人们只是持有存款。

与此同时，能够通过发行债券或股票筹集资金的公司，可能会选择用这些资金来偿还现有的银行债务，而不是投资于生产性活动。如果是这样，将会产生一种自相矛盾的效果，即信贷创造减少、货币供应减少的额度与量化宽松增加的额度完全相同。

银行业在获得大量的中央银行新增准备金后，也有多种选择。它可以选择扩大对实体经济的贷款。然而，它也可以简单地坐拥准备金。中央银行向银行支付 0.5% 的准备金利息，而准备金是银行所能持有的流动性最强的资产（见第 4.1 节）。① 此外，如果银行确实利用这些额外的流动性来创造信贷，它可能将其用于能够增加盈利但对 GDP 没有贡献的交易，例如抵押贷款、外汇或大宗商品投机。

---

① 如附录 1 所述，在量化宽松开始之前，一个以需求为基础的准备金管理"走廊"系统已经开始运行，银行将通过回购从中央银行以英格兰银行利率借入预先确定的准备金。因此，银行持有准备金的净成本为零。然而，随着量化宽松政策的实施，银行系统储备了大量的准备金，不再需要通过回购债券来向央行借款。这意味着，实际上银行持有准备金的成本是由央行支付的。于是，前货币政策委员会成员查尔斯·古德哈特呼吁中央银行停止支付准备金利息，甚至呼吁对此类准备金征税。[33] 而英格兰银行不愿采纳其建议的原因之一在于，届时将无法阻止 LIBOR 跌破 0.5%，而这实际上是英格兰银行为 LIBOR 设定的"下限"。如此将使人们质疑英格兰银行对市场利率的控制能力。

因此，如果我们所说的"货币"是指实体经济中更多用于GDP相关交易的货币，那么债券购买操作和量化宽松就不涉及创造（或"印刷"）货币。尽管量化宽松很可能压低了中长期利率，并通过创造对英国国债的大量额外需求使政府更容易借款，但至少自2010年以来，对量化宽松的主要批评一直是其未能刺激银行在实体经济中的放贷。2011年银行信贷创造萎缩，2012年英国经济衰退出现二次探底。①

4.7.4 贴现窗口便利

贴现窗口便利是为银行部门提供流动性保险的永久性工具。这使得银行可以从英格兰银行借入英国国债，以其他流动性较差的抵押品作为交换，然后在银行间市场上将这些国债兑换为中央银行准备金。然而，它们必须支付更高的费用，费用水平根据抵押品的类型以及提款规模相对于借款银行规模的大小来确定。为避免影响中央银行向整个银行业提供的准备金数量，贴现提供的是英国国债，而不是直接提供额外的准备金。

4.8 货币管控：偿付能力和资本

到目前为止，我们已经探讨了银行和中央银行如何努力确保银

---

① 英格兰银行最近对英国经济量化宽松政策的详细评估，请参阅 Bridge and Thomas（2012）[34]；从量化宽松未能刺激 GDP 相关交易（进而刺激增长）的角度对其进行的批评，请参阅 Lyonnet 和 Werner（2012）。[35]

行体系中有足够的流动性，以及中央银行如何通过影响利率来管理信贷创造的数量，以及当利率接近于零时，如何实施量化宽松。我们现在更仔细地研究偿付能力监管，及其与流动性之间的关系。

流动性是指当许多人同时想要取款时，银行满足取款需求的能力。相比之下，偿付能力是银行财务状况的长期稳定性，与其资本有关。

资本可以以股权或"自有资金"的形式存在，即股东的初始投资加上留存利润。它还包括随着时间推移，向投资者增发的股权资本（见表4.8）。因为银行可以使用留存利润作为资本，每当一家银行盈利时，它就可以留出一部分来增加资本。银行资本还包括重要的第三部分：拨备。拨备主要用来覆盖折旧和摊销，通常发生在资产端出现损失或者不良贷款时。2004年至2010年，拨备几乎构成了英国银行留存收益的全部：1 600亿英镑中的1 596亿英镑。只有留存利润部分（扣除拨备后的收益）才是股本。

表4.8 包含资本的商业银行资产负债表

商业银行资产负债表	
资产	负债
客户贷款 在中央银行的准备金 现金 金融资产（政府证券） 其他资产（不动产、投资）	客户存款 向其他金融机构的借贷 资本　股权资本 　　　·股份资本 　　　·留存利润 　　　拨备 　　　次级债（对债券持有人的负债）
总资产 = 总负债	

资本中的股权资本是银行对自身或股东的负债。与存款相反，它不能被所有者提取。相反，当借款人拖欠贷款时，自有资金会减少。在这种情况下，相当于借款人违约的金额将从资产端的贷款和负债端的"自有资本"中扣减（见表4.8）。当不良贷款占总资产的比例过大时，自有资本（即银行的净值）可能变为负值。在这种情况下，银行已经资不抵债。这是显而易见的，因为资本通常不到银行资产的10%。这意味着，银行持有的资产价值仅下降10%，就会让大多数银行破产。

对此的另一种说法是，如果银行被关停，且所有资产被用来偿还所有债务，那么自有资本就会显示出留给股东的是什么。这背后的原因是，如果一家银行破产，股东的求偿权排在最后，银行的债权人（那些对银行债务有索偿权的人）排在股东之前。

资本也可以包括负债，例如次级（长期）债，根据监管要求，这些负债可以替代股权资本。次级债是银行对其债券购买者的债务，这些购买者承担了风险：如果一家银行陷入困境，可能会对债券违约，从而使其债券变得一文不值。

最近的国际规则（《巴塞尔协议Ⅲ》）将次级债作为一种被认可的资本形式（第5章）。需要注意的是，资本并不代表实物现金池，因为这些资金实际上被用于投资。这与流动性是完全不同的两个概念。

- 偿付能力取决于你是否有足够的资本来弥补资产的损失。
- 流动性取决于你是否有足够的流动资产来偿还债务。也就是说，缺乏流动性会导致银行在技术上资不抵债。为了将其资产转换为现金，银行可能不得不折价出售资产，而这会使资产损失超过其资本（见专栏4.6）。

专栏4.6　如果银行能够创造货币，它们是如何破产的？解释资不抵债和流动性不足

为了继续经营，银行必须确保其资产（贷款）大于负债或至少与负债（存款）相等。如果资产价值低于负债，它们就会资不抵债。这意味着，即使银行出售所有资产，它仍然无法偿还所有储户的存款，也就无法偿还债务。一旦一家银行在资产负债表上资不抵债，继续交易就是非法的。

资不抵债有两种类型：

1. 偿付能力危机

如果客户拖欠贷款的规模足够大——就像2007年至2008年的次贷危机时那样——银行就会因为资产小于负债而资不抵债。为了防止此类资不抵债，银行持有资本或股本作为"缓冲"，以吸收资产的初始损失，事实上国际和国内监管机构确实也是这么要求银行的（见第5.1节）。例如，如果该行拥有100亿英镑的股本，那么该行可以在破产前消化至多100亿英镑的贷款违约。一旦客户违约太多，缓冲就会不足。

在这种情况下，通过发放贷款来创造存款货币对银行根本没有帮助。这是因为贷款使资产（贷款合同）和负债（新增存款）增加的数额完全相等，不影响资产和负债之间的净差额。为了重新获得偿付能力，银行必须找到一种方法来减少负债或增加资产，或者两者兼而有之。

2. 流动性危机

从会计意义上讲，如果银行不能在债务到期时满足偿付需求，那么它们也会出现偿付能力不足，即使它们的总资产大于负债。这被称为"现金流资不抵债",或者用银行业术语来说,是"流动性危机"。用专业术语来说,银行贷款(资产)收取的利率与存款(负债)支付的利率之间存在"期限错配"。这是怎么发生的呢?

从理论上讲,银行将拥有许多长期的流动性不足的资产(如25年期抵押贷款),同时拥有许多短期的流动性负债(如客户存款),客户可根据需求赎回这些负债。如果客户对银行的信心下降,这种错配就会成为一个问题。客户可能集体快速地提取存款("银行挤兑"),要么提取现金,要么通过电子转账将存款转移到其他银行的账户。在这种情况下,银行可能会很快耗尽现金和中央银行准备金。

银行可以尝试迅速出售贷款,以获得需要支付给其他银行的中央银行准备金,但如果投资者担心贷款质量,他们可能会压低贷款价格,并以低于这些贷款账面价值的价格支付。为了满足储户的提款要求,银行可能被迫"贱卖"所有资产。如果其资产价格持续下跌,最终将导致上文所述的第一类资不抵债,即银行资产的总价值小于其负债。

在流动性危机中,银行通过放贷来创造货币的能力毫无用处。事实上,这将使情况变得更糟,因为每笔贷款都会产生新的债务(新的银行存款),借款方可以把钱支付给另一家银行的客户。这将意味着,银行需要找到更多的中央银行准备金,才能结清与其他银行的交易。

4.8.1 银行利润、员工薪酬、股东红利与货币供应

正如前文所述,银行利润(包括利息回收)将计入银行股本。当这种情况发生时,由于股权资本不在实体经济中流通,货币供应实际上减少了。因此,如果我偿还1 000英镑的贷款加上100英镑的利息,那么货币供应量就会减少1 100英镑。

不管怎样,银行将这100英镑计入其股本。然后,它可以选择用其中的一部分支付员工薪酬或向股东派发股息,以及维持资本充足率规则(见第5.1节)要求的缓冲资本水平。[36,37]因此,如果一家银行选择将100英镑中的80英镑支付给员工,那么80英镑的新存款将被"重新创造"出来。因此,偿还贷款对货币供应总量的净影响将仅为减少后的1 020英镑(1 100英镑 – 80英镑)。

但应该弄清楚的是,这一机制不同于第4.2节所解释的信贷扩张。银行没有创建新的资产和负债,在负债端的股本会收缩,因为银行要从股本中扣除支出,并为支出的接受方创建新的存款。相反,当银行获得收入时,它会减少客户偿付后的存款。①

银行以这种方式创造货币的能力受到监管要求和股东资本价值的限制。例如,如果一家银行拥有100英镑的股权资本,根据巴塞尔资本协议规定(见第5.1节),该银行必须保持80英镑用于支持资产,只能支付20英镑的工资或股息。

---

① 这就提出了一个有趣的因果关系问题:支付银行利息的资金最初从何而来?看起来,银行支付给员工的货币越多,就能获得越多的利息偿付,银行整体利润也就越多。这也揭示了资本主义经济增长和稳定的本质。在资本主义经济中,银行不断地将一部分流通中的货币转化为自己的股本。相关的有趣讨论,请参阅 Binswanger (2009)。[38]

4.9　小结：流动性和资本对货币创造的限制

概括而言，商业银行货币的创造存在两个主要的流动性限制，这两个限制会影响每家银行：

1. 拥有足够的中央银行准备金，以确保对其他银行的支票、借记卡或在线支付，可以在任何时候通过英格兰银行闭环结算系统进行。
2. 为活期存款持有足够多的现金，以便客户可以在任何想要的时候获得现金。

实际上，正如我们在第 5 章中解释的那样，在当前的货币政策制度下，这些约束是薄弱的。单个银行有许多提高准备金余额的方法，包括在银行间市场向其他银行借款。[39,40]

每家银行都有资本约束——它必须确保自己拥有足够的资金，即使客户贷款违约，它也能吸收这些损失，而不会威胁到银行的偿付能力。然而，总的来说，银行不受资本的约束，因为它们创造了流通的货币，而这些货币可以用来增加资本。

本章结束了我们对现代银行体系机制的探索。下一章将更深入地探讨商业银行信贷创造方面的最新发展，包括其与金融危机的关系，以及当局如何试图通过资本和流动性规则来监管货币体系。

第5章

货币创造和分配监管

> 毫无疑问,硬币、纸币和银行存款等作为常规的流通媒介,通常被认为是钱币或货币,其数量由中央当局监管,或至少被认为受到这样的监管,还存在着其他形式的交易媒介,它们偶尔或永久地承担货币职责……很显然,在其他条件相同的情况下,这些货币替代品的任何增加或减少,都会与真正货币数量的增加或减少产生完全相同的影响。因此,从理论分析的角度来看,这些替代品应该被算作货币。
>
> ——哈耶克(1931)[1]

在第 3 章和第 4 章中，我们描述了放松管制、数字化和现代支付系统的出现，还介绍了流动性和偿付能力的概念，并解释了一些关于信贷市场本质的理论误解。在这一章，我们将研究商业银行货币创造的外部制约因素，并将特别研究针对银行的流动性监管以及应对偿付能力不足的拨备监管。我们将看到，从放松管制到"影子银行"体系的出现，从 1970 年到 2007—2008 年金融危机开始，流动性和资本比率都在不断地下降。最后，我们从理论和实践角度思考了对信用创造和分配的监管的含义。

5.1 防范资不抵债：资本充足率规则

在第 4 章中，我们讨论了一种理论，通过让银行持有一定数量的资本，让它们能够在大量资产因贷款违约而成为不良资产的情况下生存下来。如果一个经济体中的大多数银行都有这样的资本缓冲，那么这些银行就会对其他银行保持足够的信心，继续在银行间市场上借出准备金，而个人也不会急于跑去银行提取存款。那么，有偿付能力的银行就不太可能遭遇流动性危机。

巴塞尔银行监管委员会已就银行资本金要求制定了规则。该委员会是一个由与国际清算银行有联系的中央银行和监管机构组成的私人机构。[①] 巴塞尔银行监管委员会规则通常被称为"巴塞尔协议"，虽然它在形式上对任何国家的监管机构都没有约束力，但实际上已被各国和欧盟的金融监管机构采纳，因此对银行具有约束力。[②]《巴塞尔协议Ⅰ》于1988年被提出，目标是确保银行的偿付能力，并间接限制信贷创造。它无意帮助各国当局保持创造的信贷数量与基础经济活动之间的一致性，也无意确保信贷的具体分配。然而，最近的银行业危机表明，它甚至没有实现确保银行偿付能力这一有限目标。最新一轮修订后的巴塞尔规则（即《巴塞尔协议Ⅲ》）的作用是否有所改善，仍有待观察。

根据规定，银行必须为每笔贷款留出一定的资本。这些资本可以来自留存利润或从投资者那里筹集的资金，包括我们在第4章中讨论过的银行所有者：股东。这些资本被称为银行的自有资本或自有资金。与存款或信贷一样，自有资金也是一条会计科目，但与存款不同的是，它们不能被提取——成为公司股权的资金将永久地移交给公司，换取的是对公司的所有权。相反，股本会在银行遭受损失时发挥作用，例如借款人贷款违约。在这种情况下，要从资产端的贷款和负债端的自有资本中扣减同样的数额。由于资本通常不到

---

① 国际清算银行是于第一次世界大战后，在摩根大通（JP Morgan）领导下成立的赔款委员会（Reparations Committee）的基础上发展起来的。
② 有关《巴塞尔协议Ⅱ》之前的巴塞尔规则（Basel Rules pre-Basel Ⅱ）的详细历史，请参阅 Goodhart（2011）。[2]

资产的 10%，而资产还包括银行贷款、主权债务以及交易所交易基金（ETF）[①]和债务抵押债券（CDO）[②]等衍生品，10%的贷款违约将抹去所有资本，使银行资不抵债。较小的损失将使银行违反资本充足率规定，从而被要求缩减放贷或筹集更多资本。当不良资产比例过大时，自有资本（即银行的净值）可能变为负值。

能够将留存收益作为资本意味着银行每次盈利时，都可以留出一部分作为资本，这样就可以进行更多的放贷，带来更多的利润，从而进一步增加资本。因此，在资本比率稳定的情况下，银行的资产负债表可以与留存利润以相同的增速扩张。

在目前的巴塞尔监管体系中，贷款的风险权重取决于监管机构对贷款风险的认知。根据《巴塞尔协议Ⅱ》的规定，大型银行可以进一步调整监管机构的风险权重，以适应自身特定的风险状况。银行使用复杂的风险管理系统自行评估风险，以及判断是否符合资本要求。这导致大型银行在危机前选择了较低的资本金水平。因此，国内和国际监管机构正在审查所需的资本金水平，并计划进一步提高。英国银行业独立委员会于2011年9月发布最终报告，预计将大型银行集团的零售银行子公司的资本充足率要求提高至10%。适用于不同类别贷款的风险权重，会对它们所需要计提的资本数额及其盈利能力，产生相当大的影响。例如，商业贷款的风险权重为100%，而抵押贷款的风险权重目前为35%，理由是如果房主无法

---

① 交易所交易基金允许投资者跟踪一系列不同资产的价格（ETF 也被称为交易型开放式指数基金，是一种在交易所上市交易、基金份额可变的开放式基金。——译者注）。
② 债务抵押债券（Collateralised Debt Obligations）将大量贷款中的一部分，组合成一种新的"复合"资产。

偿还贷款，银行可以收回房屋，然后将房屋出售以收回贷款。在总体资本要求为8%时，这对资本水平的影响可见表5.1。

表5.1 风险权重

贷款类型	贷款金额（英镑）	风险权重	资本比率	资本金额（英镑）
商业贷款	100 000	100%	8%	8 000
商业贷款	35 000	100%	8%	2 800
住房贷款	100 000	35%	8%	2 800

正如我们所看到的，10万英镑的抵押贷款只需要2 800英镑的资本；而同样的资本水平只能支持3.5万英镑的商业贷款。由此推断，除非商业贷款的利润是抵押贷款的3倍，否则银行更愿意增加抵押贷款。

5.1.1 为什么资本充足率要求不会限制信贷创造

因为留存利润可以算作资本，一家银行的盈利能力越强，则利润中留作资本的规模越大，它就能发放更多贷款，且仍能满足巴塞尔资本要求。

现在应该清楚的是，资本充足率的提高并不一定会阻止银行在形势好的时候增加信贷创造。这主要有三个原因：

1. 经济繁荣，特别是资产/抵押品价值的上升，将鼓励银行降低对风险的估计，从而降低其所需的资本水平。
2. 对经济前景的乐观估计也将鼓励银行发放更多贷款，产生更多利润，从而增加资本，并允许银行发放更多贷款。
3. 如果监管机构未来将提高资本充足率要求作为一项逆

周期的"宏观审慎"政策,银行将更容易筹集更多资本,例如,购买新发行优先股的资金终究也是由银行系统创造的,而在繁荣时期创造的资金也会越来越多(因此首先是繁荣)。

此外,当我们区分单个银行和整个银行体系时,会产生不同的动态变化。正如我们在第4.3节中指出的,如果银行同步扩张其资产负债表,那么几乎没有什么可以约束它们。如果只有一家银行继续放贷,它将发现自己的资本充足率和流动性受到限制,但如果所有银行都在发放贷款并创造新的存款,并且它们愿意互相借贷,那么总体上看银行体系将产生足够的额外资本和流动性。

换句话说,巴塞尔资本充足率安排强化了银行体系的顺周期性。最大的影响是,新发放贷款的收益增长转化为资本增长时存在时滞,并对资产负债表的增长产生"拖累"作用。反之亦然:如果银行对经济和资产负债表感到担忧,它们将不再热衷于发放可能违约并降低资本充足率的贷款。

因此,问题在于,资本充足率规则的设计通常忽略了一个关键事实:银行是货币供应的创造者。让银行在繁荣时期筹集更多资本,并不能阻止繁荣。这种繁荣是由银行信贷增加造成的,银行可以利用一部分的货币供应扩张为更高的资本比率融资。[3,4]

5.1.2 杠杆率:资本充足规则的变体

2009年,G20(二十国集团)财政部长和中央银行行长委员会以及金融稳定理事会(FSB,一个由各国中央银行监管部门和财政部组成的国际委员会)提议,引入"杠杆率",以补充基于风险的资本充足率。

杠杆率有两种常见的定义。首先，加拿大的定义是总资产与总资本之比，总资本包括股本和次级债。这就是说，杠杆率只是巴塞尔资本充足率要求的倒数，但没有风险加权机制。美国和欧洲对资本充足率的定义类似于巴塞尔协议中的资本充足率，因为它将杠杆率定义为股本与调整后资产的比例。

对杠杆率的讨论类似于对资本充足率规则的讨论。严格的资本充足率规则要求银行持有更多的资本，也就是说，银行的杠杆率将会降低。因此，这一提议并不是一个新建议，而是延续了20世纪80年代巴塞尔协议的传统要求。批评人士认为，这一传统在之前就未能阻止日本、亚洲、美国和欧洲的银行业危机。

因此，杠杆率也是试图控制银行信贷的一种间接和不充分的手段。从历史上看，控制银行信贷的唯一有效方法是直接信贷控制。其具体操作如下：中央银行告诉商业银行，它们可以为不贡献GDP的交易（例如金融资产交易，包括向对冲基金提供贷款）提供信贷，但只能提供一定的绝对数额，即GDP的一部分，比如5%。有时，中央银行甚至可能完全禁止对此类交易的信贷。然后，银行必须更加专注于为贡献GDP的交易创造信贷。在这样的体系下，对于投向商品和服务生产以及提高生产率的投资，要么不设信贷上限，要么实行非常高的信贷增速配额，因为这些都具有非通货膨胀性，而且能够促进增长。我们将在第5.7节回顾一些信贷控制的历史案例。

与直接控制信贷不同，杠杆率或资本充足率可能无法达到避免资产泡沫的目的，也可能无法使当局实现预期的信贷创造规模。事实上，杠杆反而可能会误导人们对银行体系和经济状况的认识。

实际上，美国多年来一直实行杠杆率，但它未能阻止次贷危机。原因在于，杠杆率可能会下降，而银行信贷创造总量（以及对GDP没有贡献的金融交易的信贷创造）却有增无减。世界银行一份相关主题的报告显示，美国的情况就是如此。①

5.2 流动性监管

如果资本充足率规则只是对信贷创造的弱约束，那么流动性规则能做得更好吗？

在第4章中，我们看到银行在英格兰银行的准备金和银行的贷款额之间存在某种关系。然而，这种关系与公众普遍认为的"银行是中介机构"或经济学和金融学教科书中的"货币乘数"模型并不相符。银行并不是他们收到的存款的"中介"，而是通过扩大信贷或购买资产任意创造新的货币。正如第4.5节讨论的，它们的准备金规模主要是由各家银行自己估算出满足其每日支付要求所需的准备金之后与英格兰银行磋商确定的。

---

① 2009年，世界银行起草了一份介绍杠杆率的提案："一场关于杠杆率的争论的焦点在于，为什么杠杆率的美国，却是全球金融危机的震中？为什么其杠杆率没能提供正确的预警信号？要回答这个问题，一个好的出发点是分析金融危机爆发前几年的杠杆率演变。在过去的几十年里，金融创新从根本上改变了金融体系的结构……银行通过表外工具为批发市场上越来越多的长期资产提供短期负债。同时因为给这些工具提供便利，银行也将自身暴露在信贷和流动性风险之下。此外，它们还在自己的资产负债表上持有结构性信贷工具，使自己暴露在嵌入式杠杆之下，增加了资产负债错配和融资流动性风险。对于欧洲和美国主要的投资银行，资产负债表的杠杆倍数（通过总资产除以股本来测算）在全球金融危机前的四年内皆有增加。相比之下，日本和美国商业银行的合并资产负债表杠杆率在此期间没有增加，在某些情况下甚至下跌。"[5]

银行在流动性方面并不总是能做出明智的决定，它们经常要求中央银行介入并提供流动性，以防止体系崩溃。[6] 图 5.1 显示的英格兰银行资产负债表占 GDP 比例的变化就说明了这一点。

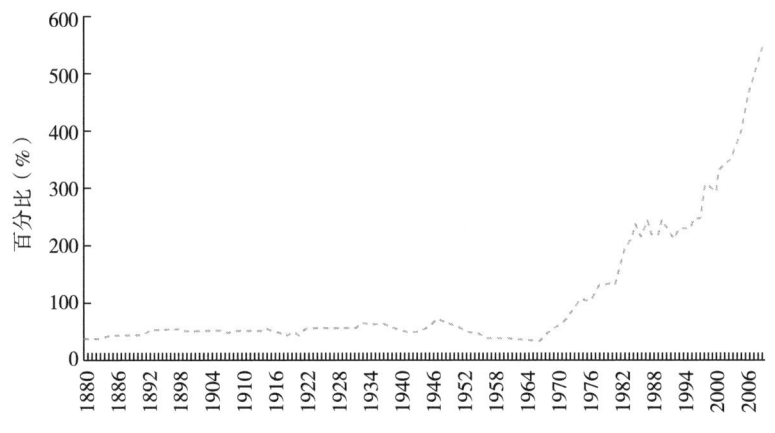

图 5.1　英格兰银行资产负债表占 GDP 的百分比

注：1966 年以后，该指标系列中关于英国银行业资产的定义更加宽泛，但在整个系列中使用更窄口径定义也得出了相同的增长概况。
资料来源：D. K. Sheppard（1971）和英格兰银行。

在 19 世纪中叶，英国银行业持有的流动资产平均占存款总额的 60%，这一比例在一定程度上可以用当时的流动性危机频率来解释。[7] 在 1866 年的欧沃伦格尼银行（Overend and Gurney）危机之后，英格兰银行承担了"最后贷款人"的角色，承诺提供充足的准备金以防范未来的流动性危机，银行的这一占比随之降低了一半。

5.2.1　法定准备金率

英格兰银行与商业银行之间的首个流动性协议于 1947 年达成，当时私人所有的英格兰银行被国有化。当时的规定要求，中央银行准备金、现金或短期国债等高流动性资产与存款的最低比率为

32%。16年后，这一比率降至27%。这一制度要求一直持续到1971年，当年的竞争和信贷控制政策制度（CCC）引入了12.5%的最低准备金率。正如我们在第4章中看到的，竞争和信贷控制政策制度导致了流动性准备金率的大幅下降（见图3.2）。

英格兰银行在两次下调最低准备金率之后，终于在1981年废除了强制存款准备金率制度，即不再直接要求流动资产的最低水平。

5.2.2 英镑存量流动性制度（SLR）

SLR于1996年推出，其重点在于持有足够的流动性，以应对特别严重的流动性压力。此次调整的目的是确保银行拥有足够的高流动性资产，以满足流动性危机爆发后第一周的资金流出需求，而不必求助于市场获得新的批发融资，以便政策当局有时间探索有序的处置方案。

用2008年在英格兰银行负责金融稳定的奈杰尔·詹金森（Nigel Jenkinson）的话来说：

> SLR的设计初衷是作为一个宽泛的危机管理机制的组成部分，而不是作为银行基于持续经营考虑为应对流动性紧张而采取的管理预防性缓冲的一种手段。[8]

从2006年到2009年，英国实行了一种"走廊"制度，银行每月设定自己的准备金目标①。[9] 准备金余额，也就是当月通常处于相

---

① 有关英格兰银行利率制度变化的完整解释，请参阅附录1。

对狭窄的目标范围内的余额，是按英格兰银行利率支付收益的。在这一范围之外，已转移到存款便利的超额准备金则按较低的存款利率支付。相比之下，准备金不足的银行不得不以更高的贷款利率借入这些准备金。

在货币市场利率接近英格兰银行利率的情况下，该体系只在较短时期内发挥了作用，但金融危机从2007年夏季开始显现，银行间市场利率便开始大幅高于英格兰银行利率。作为回应，英格兰银行提供了额外的贷款，但由于一些银行在囤积准备金，因此银行间市场并没有有效运转。此外，货币政策委员会（MPC）开始迅速下调英格兰银行利率，尽管银行间隔夜利率仍接近政策利率，但较长期限的银行间市场利率（例如3个月期贷款）仍在继续上涨。

随着英格兰银行决定开始通过创造新的中央银行准备金购买金融资产，即俗称的量化宽松政策（在第4.7.3节进行了解释）[10,11]，自愿性准备金制度在2009年3月被暂停。利率"走廊"系统现在已被"地板"系统取代，准备金水平随着英格兰银行资产购买和所有准备金按英格兰银行利率获取收益而大幅提高。

2009年12月，英国金融服务局宣布了一项新的流动性机制，每家银行都必须持有中央银行准备金或英国国债作为缓冲。银行将被要求持有一个由各种"压力测试"确定的数额，压力测试预设的场景包括银行无法在两周内获得批发融资或展期贷款，以及"大量零售资金流出"，换句话说就是银行客户的提款水平异常之高。[12]在宣布这一决定时，英国金融服务局表示，它将等到衰退结束、银行资产负债表有所改善后，才会实施这些规定，针对单个银行的协议尚未落实。银行目前持有的高流动性资产与新规定之间持续存在的资金缺口表明，这些规定可能还需要一段时间才能全面生效。[13]

其他许多国家的情况并非如此。以美国为例，对于某些特定类别的债务，大型银行仍需持有10%的中央银行准备金。[14]

在国际层面，有人提议收紧流动性监管，要求所有银行持有足够易于出售的资产，以承受30天的资金挤兑（类似于2008年席卷雷曼兄弟的危机），这一规定于2014年生效。不过在撰写本书时，因为考虑到对欧洲主权债务危机的风险敞口，欧洲几乎没有银行接近这一流动性水平，巴塞尔银行监管委员会有可能会降低这一"流动性覆盖率"。[15]

5.3 证券化、影子银行和金融危机

在金融危机之前，银行发现了一种规避巴塞尔资本充足率规定的方法。这种新方法允许银行保持资本充足性和流动性，同时继续扩大信贷创造，被称为"证券化"。证券化是出售贷款或一揽子贷款，并将风险和回报转移给其他人以换取现金的过程。通过将贷款从银行的资产负债表中剥离，它可以在保持所需资本比率不变的情况下，创造新的放贷能力。

银行可以根据贷款的质量、数量和利息流来判断持有一笔贷款、贷款组合或出售这些贷款是否有利可图。由于银行从一开始就"创造"了这些贷款——尤其是大型投行，它们在全球拥有庞大的分析师团队，研究金融市场的最新动态——因此，它们在判断贷款或贷款组合的质量方面，往往比证券化贷款的买家处于更有利的地位。这被称为"信息不对称"：卖方比买方拥有更好的信息。那些只发放贷款并打算将贷款出售给其他银行的银行，在分析信贷风险

和这些贷款的可持续性时，就没有那么大的动力去谨慎行事。因此，银行可以利用市场来确保在继续扩大放贷的同时保持资本充足水平，但这会增加整体经济中的系统性风险。这是另一个问题，银行被赋予创造货币的特权，却没有任何指导告诉它们应当如何从公共利益出发创造货币，以促进总体繁荣与稳定。每家银行都可能追求"最优"策略，但对于经济整体而言，个体"最优"策略集合的结果远非最优。

金融危机被广泛归因于投资银行在21世纪初大规模开展的贷款"发起和分销"模式。特别是，住宅抵押贷款支持证券市场迅速发展。这包括创建不同风险水平的抵押贷款打包产品，并将其证券化，卖给投资者——通常是长期投资者，如保险公司和养老基金，甚至是地方和区域政府。然而，这些证券中有许多是由美国的次级抵押贷款支持的，即向高风险借款人发放的贷款。当2006年美国房价暴跌时，这些贷款开始违约。

> **专栏5.1　影子银行体系**
>
> "影子银行体系"是一个宽泛的术语，用来指银行在资产负债表外进行的大量金融活动，这些活动大多超出了监管范围。目前还没有确切的定义，但按照惯例，它包括非存款性的货币市场基金、许多机构对证券化和信贷衍生品的使用，以及私人回购交易。[16]
>
> 除了过去10年内的极度扩张，所有这些金融活动都有一个共同点，那就是创造了与传统银行业毫无关系的信贷形式。如前所述，银行完全有可能凭空创造货币和信贷。影子银行体系以无数种方式极大地扩展了这一原则。例如，证券化抵押品

(通常以重新包装的贷款形式获得 AAA 评级)可以用于回购交易。该资产被出售给另一家机构,双方同意在之后以更高的价格回购。卖家实际上是在"借钱",差价相当于利率。因此,回购交易被称为另一种私人创造的货币[17],是影子银行体系的重要组成部分。

从本质上讲,可能难以估计影子银行系统的规模[18],尽管它现在的规模可能比传统银行大一些。截至 2007 年年初,时任纽约联邦储备银行①行长的蒂莫西·盖特纳(Timothy Geithner)暗示,美国影子银行体系管理的资产价值达到 10.5 万亿美元,比当时的美国存款银行体系高出约 5 000 亿美元。[19]

这接近了影子银行市场的顶峰,2007—2008 年的崩盘也被形容为对影子银行体系的"挤兑":随着危机蔓延至传统银行业,人们对不受监管的信贷创造的复杂结构的信心随之蒸发,美国银行体系"实际上是自大萧条以来首次资不抵债"。[20]在那些受金融危机影响最严重的国家,政府的大量注资稳定了金融体系,恢复了市场信心,推动金融体系活动进一步繁荣。与此同时,银行救助增加了政府借款和国家债务,而由中央银行提供救助不会给纳税人带来任何债务。尽管(或许是因为)国际上协调一致的政府行动成功避免了银行业的普遍崩溃,但不受监管的表外信贷体系的根本弱点尚未得到解决。自金融危机爆发以来,《巴塞尔协议Ⅲ》以及其他方面的监管改革,都非常关注商业银行资本和流动性拨备。

---

① 纽约联邦储备银行是 12 家地区性中央银行之一,它们由成员银行私有,共同构成了美国联邦储备系统。纽约联邦储备银行是这一系统中的关键机构,因为公开市场操作主要由它实施。

由于没有人确切地知道这些复杂证券特别是次级抵押贷款支持证券是谁在持有，以及它们被传播到多广的范围，银行突然变得非常厌恶、规避风险，不仅体现在对其他银行的资产负债表的真实价值上，也体现在对自己的资产负债表上。它们开始不愿意在银行间市场互相放贷，给所有银行造成了严重的资产负债表问题。

5.4 金融危机是一场偿付能力和流动性危机

金融危机既揭示了过度依赖银行间拆借市场获得流动性的脆弱性，也正如第 4 章所述，这反映了英格兰银行依赖改变政策利率和公开市场操作间接影响商业银行货币创造的弱点。

信贷创造过程要求银行利用银行间市场，将多余的中央银行货币和/或银行货币转移给那些有需要的银行。只有银行能够确定自己的偿付能力基本不受质疑，这种做法才会奏效。然而，对银行偿付能力的质疑从 2007 年就开始出现。美国房地产市场的问题，尤其是对次级贷款质量的怀疑，导致人们对这些资产被重新包装、证券化和出售的担忧蔓延至全球银行体系。谣言四起，那些更加依赖批发融资的银行成为卖空者的目标，而储户也越来越多地将资金从银行转移出去。其他银行与一家被怀疑资不抵债的银行进行交易，也会危及自己的偿付能力。

很快，银行对彼此的偿付能力失去了信心。各家银行也不愿使用经常性融资便利直接从英格兰银行借入准备金，这促使贴现窗口便利的推出（见第 4.7.4 节）。对此的解释也与信心有关：银行担心通过经常性融资便利借款造成的声誉损害太大。

结果，银行间市场几乎冻结；伦敦银行间市场利率远远高于英格兰银行利率，中央银行再也无法控制银行间市场利率。在对LIBOR丑闻的调查中，巴克莱银行提供的证据给人的印象是，英格兰银行可能鼓励巴克莱等银行少报LIBOR，以淡化人们对银行体系脆弱性的担忧。英格兰银行副行长保罗·塔克坚决否认了这一说法。[21]

正如我们看到的，银行是靠银行间市场满足它们的大部分借款需求的。因此，市场利率的突然上升和银行间的信贷配给造成了流动性危机，威胁支付系统和整个银行体系的稳定。

当人们在北岩银行外排起长队时，英格兰银行被迫介入，直接向北岩银行提供了数十亿英镑贷款，并不断增加购买该银行的资产，作为交换，它向该银行提供英格兰银行准备金和现金，从而使北岩银行能够支付款项并重建资本。只有向银行和银行间市场大规模注入中央银行准备金，中央银行才能避免金融崩溃。

5.5 内生货币与外生货币

我们已经看到，中央银行无法通过调整银行必须持有的中央银行准备金数量来控制银行的货币创造（正如第2章讨论的乘数模型所揭示的那样）。只有人们用现金进行所有的交易支付时，中央银行的这种控制才可能实现，因为银行无法再创造新的货币。只要银行间市场运转顺畅，使银行能够管理自己的债务，它们就总是能够获得必要的资金来结算客户的付款。

现实是，"尾巴摇狗"（the tail wags the dog，即上下颠倒）：不是英格兰银行决定了银行能发行多少信贷，而是银行决定了英格兰银行必须借给它们多少中央银行准备金和现金（见第 4.3 节）。这是因为英格兰银行接受了自己作为最后贷款人的职能定位，尽管它在最近的银行纾困中并未完全扮演这一角色，比如对北岩银行和苏格兰皇家银行，因为它将最初的中央银行注资成本转嫁给了政府，进而转嫁给了纳税人。当一家商业银行要求中央银行增加准备金或现金时，英格兰银行不可能拒绝。如果英格兰银行拒绝，上述支付系统将迅速崩溃。[22]

在学术术语中，这个过程通常被描述为内生的货币创造。"内生"一词，在本书中被广泛使用，它指的是经济运行固有的过程。[23]因为无论何时，只要商业银行提出要求，中央银行就必须按需创造现金和中央银行准备金，但中央银行必须创造的这种"高能"货币没有明确的数量限制。这样看来，狭义货币供应就可以被视为需求驱动。这与外生货币的概念形成了鲜明对比，外生货币的供应可以由经济运行的外部因素决定——例如，通过中央银行调整存款准备金率或利率。外生货币与货币主义和米尔顿·弗里德曼有着广泛的联系。[24]20 世纪 80 年代，外生货币作为一种政策框架很受欢迎，但现在已经失宠。尽管准备金货币可能是内生的，但广义货币供应会受到中央银行信贷指导机制的外部影响。

因此，当试图将货币创造过程描述为纯粹的内生过程时，就会出现矛盾。中央银行是否能够影响货币创造，在很大程度上取决于它选择如何进行干预。中央银行很可能被迫注入必要的准备金，以防止银行活动在每个月引发流动性危机和利率波动，但这并不意味着中央银行永远无法控制货币供应。例如，日本银行一直大力支持内生货币政策。人们认为，在过去 20 年的大部分时间里，因为货币创造是需求驱动的，所以日本银行的这一做法未能刺激经济。据说，日本对货币的需求非常小，尽管日本政府要求日本银行拿出创纪录数量的资金用于财政支出，但日本的中小企业一直有信贷需求却并未获得贷款。[25]

日本银行本可以向经济注入比银行准备金需求更多的资金。没有什么能阻止它从非银行部门购买资产，然后将新资金投入流通。例如，早在1995年就有人提议，日本银行除了提高大城市生活质量，还应同时提振经济、拯救房地产市场（当时房价下跌了约80%）和强化银行业。例如，东京是人均公园面积比例最低的主要城市之一，它可以通过以诱人的价格购买闲置或空置的房地产，并创建新的公园来实现这一目标。[26,27]这将注入新的购买力，支撑房地产市场，而且可以通过提升抵押品价值，进一步支撑银行体系。事实上，日本银行过去也曾购买过房产，不过都是为自己的员工购买的，比如海滩度假村、高尔夫球场、东京市中心的餐厅和俱乐部。即使日本经济衰退进入第三个十年，日本银行仍在利用内生货币理论维持其政策立场。

内生货币理论的第二个支柱是，银行的信贷创造总是对银行贷款的需求做出反应。任何贷款申请被拒的人肯定都知道，情况显然并非如此——正如我们将在第5.6节中讨论的那样，银行对信贷进行配给。因此，信贷创造并非纯粹的经济内生因素，但可以说，中央银行和商业银行部门可以共同决定信贷创造，从而塑造经济活动。

5.6 信贷配给、信贷分配和信贷数量论

对于为什么调整利率可能是控制信贷创造的一个弱势工具，信

贷配给理论提供了另一种解释。我们在第 2 章讨论了为什么市场自动出清的理念在现实中并不合理。没有完美的信息，就无法确保需求与供给相等、交易价格是均衡价格。在我们这样一个不完全信息的世界里，市场不会自动出清——因此我们处于一种失衡状态。①这意味着市场是定量配给的，结果由数量而不是价格决定。[28,29,30,31]

这些市场的结果遵循空头原则：无论需求更小还是供给更小，这个数量都将被交易。[32] 如果我是一个苹果供应商，但是我只有 10 个苹果，那么我最多只能和你交易 10 个苹果，即使你想要 100 个，我也可以少卖给你。另一方面，如果你只想要 1 个苹果，我只能卖给你 1 个。无论谁是"空头"，都有一个主要优势，即市场势力。当你找工作时，这种感觉可能最为明显。例如，你是否想过电视新闻主播的就业市场处于平衡状态吗？由于很多人都能从事播音工作，且工资和津贴很有吸引力，但职位数量有限，所以求职人数超过了现有职位数量。

当我们试图购买剧院的门票或者奥运会的门票时，配给制的普遍性也显而易见。如果一个市场的总供给量小于需求量，那么供给方就是空头，具有市场势力。它可能会推高苹果的价格或获得其他优势和利益，买方将不得不承受这些。在劳动力市场或向承包商分配订单方面，市场势力再次显现，决策者往往要求（并获得）所谓的"非市场"利益或"租金"。例如，为了可以从事某些职业，愿意长时间无薪工作变得越来越有必要。[33]

信贷市场也实行配给吗？这似乎不符合我们前面讨论的内生货币理念，它意味着在适当的利率水平上，无论有多少货币需求，都

---

① 关于信贷配置在理论和实证上的争论，Goodhart (1989) 做了比较好的综述。[34]

会有相应的银行供给自动匹配；继而，英格兰银行将提供充足的准备金和现金，信贷市场将"出清"。

然而，常识告诉我们，货币和信贷不同于苹果，事实上，也不同于所有其他种类的商品（正如我们所见，货币根本不是商品）。假设你想要更多双鞋子，最终你会没有足够的空间放鞋。即使你是住在城堡里的公主，你想要的鞋子以外的其他东西也会占据你的城堡空间。经济学家称之为边际效用递减，每多一双鞋，其增加的效用要比上一双少。然而，拥有更多的货币并不影响你能拥有或不能拥有的其他东西，它只是意味着你可以拥有更多的东西。信贷需求以及由此产生的货币需求，受边际效用递减效应的影响要小得多。[35]

根据内生货币理论，假定银行发放贷款，信贷在给定的利率水平上"出清"。风险更高的贷款将导致更高的利率，但如果信贷需求总是很高（甚至是无限的），理论上市场出清利率将非常高，以至于银行只剩下风险项目，而合理的项目无法产生足够的回报来偿还贷款。[36]因此，对银行来说，避免贷款违约比获得更高的利率更为重要。加息可能带来几个百分点的额外利润，但违约可能导致100%的损失。因此，正如美国经济学家贾菲和罗素（Jaffee and Russel，1976）与斯蒂格利茨和韦斯（Stiglitz and Weiss，1981）揭示的那样，银行更愿意配置和分配信贷——即使是在最好的时期。[37]英格兰银行副行长保罗·塔克也同意上述观点：

> 由于借款人比规避风险的贷款人更了解自己的状况和前景，而且贷款人在确保借款人履行合同方面存在障碍，因此（家庭和企业）获得的信贷是配给的。[38]

在比较银行对抵押贷款和小企业贷款的动机时，出现了一个关于信贷配给如何影响宏观经济的有趣例子。小企业主可以承担有限责任；这意味着，如果他们借了一笔贷款，一旦生意失败，他们个人承担的责任将不会超出他们在公司的股份。在企业所有者和银行之间存在"不对称"的激励机制。对企业主来说，其贷款面临的风险比银行要小得多。[39]在实践中，银行常常试图通过从公司董事或股东那里寻求抵押品来规避有限责任，通常是让他们拿房子作抵押。因此，不能提供这种个人担保的申请人甚至可能得不到商业贷款。图5.2显示，英国的银行在放贷活动方面正越来越多地朝这个方向发展——从个人担保贷款相对于生产性部门贷款的巨大增长中就可以看出这一点。

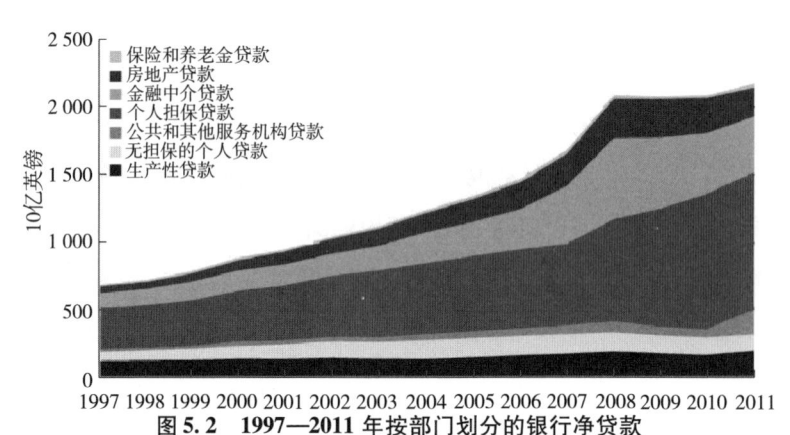

图5.2　1997—2011年按部门划分的银行净贷款

资料来源：英格兰银行。[40]

相反，如果银行发放抵押贷款，它知道一旦借款人违约，它将能够收回贷款人的房子。银行有权获得抵押品。在信息不完全的真实世界里，缺乏市场出清而存在信贷配给，专注于赚取可靠高利润的大型银行通常更偏好发放抵押贷款，而不是基于未来的现金流发放贷款。这是对企业投资的歧视，因为即使在银行从企业所有者或管理者那里获得抵押品的情况下，贷款的偿还仍然来自资金投资未来产生的现金流。这需要仔细审查业务案例，最重要的是，需要有经验的专业人士做出良好的判断。不完全信息导致了市场失灵的存在，表明需要某种形式的市场干预来改变这些激励。

正如经济学家布兰查德和费希尔（Blanchard and Fischer）指出的，如果信贷配给存在：

> 利率可能不是衡量金融变量对总需求影响的可靠指标。在这种情况下，在评估货币和金融政策时，很可能要考虑衡量数量的变量，如信贷总额。[41]

对日本经济的实证研究支持了这一观点。20世纪90年代，日本一直将利率维持在非常低的水平，以鼓励放贷和增长，但银行仍在大力配置信贷。[42,43] 事实上，这也是英国当前的形势，尽管英格兰银行利率自2009年年初以来一直保持在0.5%这一创纪录的低水平，但银行对小企业的净贷款在持续下降，2009年9月甚至为负（图5.3）。[44] 尽管银行间拆借利率最终回到了接近中央银行利率的水平，但情况依然如此。

总体而言，银行体系的信贷配给也将导致其他市场的配给。[45] 给小企业的贷款减少，将导致企业自身减少投资、减少薪酬或减少雇员人数。这些行动将产生连锁反应。正如沃纳所说：

> 信贷数量成为最重要的宏观经济变量，给各个市场带来了

"外生"（外部）预算约束。[46]

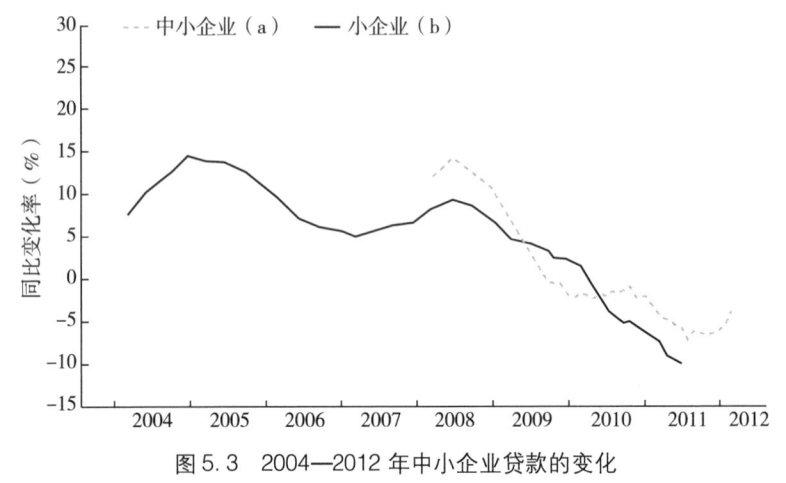

图 5.3 2004—2012 年中小企业贷款的变化

注：（a）来源：国际清算银行月度调查和英格兰银行测算；英国 4 家贷款机构对年度银行账户借记周转额（debit turnover）低于 2 500 万英镑的企业的贷款。数据包括英镑和以英镑表示的外币贷款。

（b）来源：英国银行家协会；英国 7 家贷款机构对年度银行账户借记周转额达 100 万英镑的商业企业的贷款（仅英镑贷款）。调查截至 2011 年 6 月，可检索 www.bba.org.uk/statistics/small‑business。

资料来源：英格兰银行、英国银行家协会、国际清算银行和英格兰银行测算。复制自：Bank of England, 'Trends in Lending', July 2012。[47]

在一个由配给和供应决定的信贷市场，调整利率是一项对信贷创造和经济影响有限的政策。由于存款准备金率的作用有限，且中央银行取消了银行信贷指导，商业银行受到的外部流动性约束微乎其微。最后，我们认为，资本充足率规定只是对商业银行创造新资金的一个弱约束，尤其是在出现了证券化和其他允许银行操纵资产负债表方法的情况下。

因此，我们或许可以这样总结关于内生货币与外生货币的争论：在现代经济中，货币由银行体系创造，货币供应由信贷创造驱动，但信贷创造并非由信贷需求驱动。相反，信贷市场是由信贷供应决定的，信贷是配给的。也许人们没有意识到，决定宏观经济结果的是信贷供应的数量，而不是信贷价格，因此银行具有举足轻重的地位。一国货币供应量的增加或减少，是各个银行贷款和资产购买决策的集体结果。换句话说，由于商业银行对信贷进行配给和分配，并在这个过程中创造货币，因此它们对经济中新增货币的分配具有决定性的影响。正如沃纳在他的《信贷数量理论》（专栏5.2）中所指出的那样，宏观经济政策与分析应该建立在对这些过程的理解和监测的基础上。

专栏5.2　信贷数量理论

货币与经济之间的联系是经济理论和模型的核心支柱。"交易方程"提供了这样一个基本的联系，认为用于交易支付的换手货币金额等于这些交易的价值。

在大多数主要经济学理论中，最常见的应用如下：

$MV = PY$

它表明，货币（M）乘以它的流通速度（V）等于价格（P）乘以名义GDP（Y）。[①]

与进一步的假设相结合，这个方程就被称为"货币数量理论"。[48] 这一重要的假设是，货币流通速度是恒定的，或者至少是（短期）稳定的。但从以往的经验来看，它是不稳定的，

---

① "名义"指未经通胀调整；相比之下，"实际"GDP是经通胀调整后的GDP。

自 20 世纪 80 年代以来，许多经济体的货币流通速度经常并显著下降。最终的结果是，货币指标与名义 GDP 之间缺乏可靠或可预测的联系。因此，没有囊括货币或银行的经济学理论越来越受欢迎，并开始主导主流经济学（如第 2.2.2 节的深入探讨）。但自 2008 年金融危机以来，这些理论和模型一直饱受批评。[49,50]

本书的合著者理查德·沃纳对上述数量方程所面临的实证问题提出了一种解决方案。他指出，上面引用的原始公式考虑了所有交易，但金融和资产交易（例如抵押贷款融资）的规模可能是巨大的，且不属于名义 GDP 的一部分。因此，当货币越来越多地被用于支付此类非 GDP 交易时，传统定义的更新速度似乎在下降。然而，传统的货币指标，如 M1 或 M2，不能被分割，沃纳认为，无论如何，它们都不是衡量货币的恰当方法，因为它们衡量的是货币存量，而不是流通中的货币和用于交易的货币。他指出，货币是由银行体系和信贷创造的，为此提出了他的"信贷数量理论"，将货币流分为两类：创造的信贷（C）用于 GDP 交易和金融交易，并分别用下标 R 和 F 表示用于实体和金融的流通。在下面的方程式中，Q（而不是 Y）用来表示实体部门（Q_R）或金融部门（Q_F）的交易数量。

$$CV = PQ$$
$$C = C_R + C_F$$
$$C_R V_R = P_R Q_R = P_R Y \text{（如名义 GDP）}$$

$$C_F V_F = P_F Q_F$$

在实证观察和制度分析的基础上,沃纳认为,银行配给信贷,因此信贷供给是驱动因素。这在理论和实践上都得到了各种研究和案例的支持。在这个框架下,"标准的'数量理论'货币模型是更广义的'分类信贷数量理论'的一个特例"。[51]事实上,旧的"货币数量理论""将不得不重新贴上信贷数量理论的标签"。[52,53]

沃纳认为,这一理论对发展、增长和失业具有重要启示。[54~59]他认为,发展中经济体不应依赖外部借贷,因为它们可以通过在自己的银行体系中创造信贷,并引导信贷流向生产性用途来实现非通胀性增长。战后许多东亚经济体(日本、中国台湾、韩国、1982年后的中国)的高速增长,就是通过实施这种信贷指导机制实现的。沃纳认为,如果正确实施,这种方法可以用来消除失业。

5.7 银行信贷直接管制:国际案例

前几节所做的分析以及这里所述的国际案例表明,对信贷创造总量及其用途的质量(即为不同类型的用途分配信贷)进行适当的管制是经济决策者应该监测的关键变量,而且确实应该设法加以控制。信贷数量以及其在不同用途的分配将塑造经济格局。

实际上,在中央银行的历史上,几乎所有的中央银行都采用了各种形式的直接信贷管制:信贷控制、信贷指引、信贷指导、信贷规划、窗口指导或道义劝说。

我们在第 3.6.2 节中讨论了英国的例子，再简要讨论 20 世纪的其他国际案例，特别是亚洲的案例，也是有益的。

信贷控制最初由德意志帝国银行（Reichsbank）于 1912 年实施，20 世纪 20 年代被美联储效仿（另外，20 世纪 40 年代初，日本、韩国的中央银行在二战期间采取了这一措施，对经济发展历程产生的影响最大），战后又延续了数十年。[60] 在这些国家或地区的窗口指导中，中央银行确定预期的名义 GDP 增长，计算出实现这一目标所需的信贷创造数量，然后将这种信贷创造分配给不同类型的银行和工业部门。[61]

非生产性信贷创造要受到抑制，因为金融信贷创造，比如今天的大型银行贷款给对冲基金，只带来了资产价格通胀和随后的银行业危机。因此，大规模的纯投机性交易获得银行信贷是很难或者不可能的。同样，大规模获得消费贷款也非常困难，因为这些贷款会增加人们对消费品的需求，但不一定会直接增加商品和服务的可得性，反而会引发消费价格膨胀。银行信贷被分配给生产性用途，这意味着要么投资于生产更多商品的厂房和设备，要么投资于提供更多服务或其他可以提高生产率的投资（如新技术、新工艺和新技能的应用），而且通常是这些投资的组合。事实证明，这类生产性信贷创造是最低通胀的，因为它们不仅创造了更多的货币，而且创造了更多具有更高附加值的商品和服务。

美国的银行非常愿意参与这样的信贷指导体系，因为作为回报，它们也实现了无与伦比的稳定性，并在市场份额甚至利润方面获得了更大程度的确定性。由于这些银行被认定为公共事业单位，因此，与同时期的英国银行相比，它们获得的收益也要少得多。①

世界银行在1993年的一项研究指出，这种干预信贷配置的机制是东亚经济奇迹的核心。[62]邓小平早前就认识到了这一点，并将日本模式的窗口指导作为中国经济改革的核心，带来了中国几十年的经济高速增长。与此同时，西方国家的中央银行一直在淡化中央银行干预信贷市场的重要性和效率（或许是因为它与这些国家中央银行和财政部青睐的"有效市场假说"不一致）。中国人民银行官方宣称，窗口指导是其主要货币政策工具之一，而实证研究也表明，情况确实如此。[63]窗口指导也可以被认为是中国经济没有成为亚洲经济危机或2008年全球金融危机受害者的一个关键原因。②

关于日本银行窗口指导有效性的详细研究表明，这种货币政策工具一直非常有效，即使中央银行设定的目标是错误的，比如20世纪80年代金融和投机性信贷扩张。换句话说，信贷指导是一种有效的工具，尽管这并不能保证所选择的政策目标是正确的。因此，经济史的证据表明，一个简单的信贷指导机制，加上对银行体系的充分激励（胡萝卜加大棒），可以带来稳定、高速的经济增长，而且这种经济增长是可持续的，最重要的是，不会引发银行业危机。同样，这表明通过严格限制或完全禁止银行信贷投向不会贡献GDP的交易，未来就可以避免资产泡沫和银行业危机。可以肯定的是，这样的措施不会阻止投机；但是，它不会允许投机者使用货币创造的公共特权来支持他们的投机性交易，这可能足以避免银行业危机。

---

① 更多关于东亚信贷指导体制在制度上和政治经济上的细节，请参阅 Werner (2003)。[64]
② 然而，在2008年雷曼兄弟破产后，中国放任信贷过度扩张，以提振金融信贷和生产性信贷。这造成了包括房地产在内的资产价格通胀，如果不采取纠正性政策行动，未来可能会引发问题。

第6章

政府财政与外汇

我们现在已经完成了对商业银行在货币创造和配置中的作用，以及国内外货币当局如何尝试监管此过程的考察。本章将补充一些重要的环节，审视政府和外汇的作用。我们也会说明财政与货币政策在实践中为何无法被轻易分离，尤其当汇率制度的选择限制了国家的货币主权时。对于那些已经放弃本国货币和中央银行的国家（如欧元区国家）来说，货币和财政政策将受到进一步的限制。

在第 3 章我们看到，国家在确定记账单位和通过征税来创造货币需求方面发挥着至关重要的作用。我们还审视了各国如何越来越多地通过发行可交易债务证券，即政府债券，来向投资者借款。本章阐述了这些活动和政府支出（通常统称为"财政政策"）在今天是如何进行的，以及政府的账户实际上是如何运作的。

我们将考察财政政策的效果及外汇在货币供应中的作用，包括对于"挤出效应"和不同汇率制度演化的讨论。附录 2 和附录 3 对政府账户和外汇的技术细节进行了分析。接下来，我们将首先分析英国作为欧盟成员国（本书写作时尚未脱欧），其政府在货币创造上面临的法律限制。

6.1　欧盟与政府货币创造的限制

正如我们在英国看到的，创造大量新货币的是商业银行，而不是政府。如第4.4节解释的，在正常情况下，现金尽管是由英格兰银行实际"创造"出来的，但在客户没有将其兑换为已经持有的商业银行货币之前，它是无法进入流通的。

我们在第3章看到，在三个多世纪的法律和制度发展过程中，这种情况是如何产生的。然而，直到近期，中央银行通过向政府放贷，代表政府创造货币（或将政府债务货币化）仍然是合法的。实际上，在1997年之前，中央银行向财政部提供隔夜"透支"（overdraft），即所谓的"筹款"预支（"Ways and Means" Advances），以提高其现金流的灵活性，在英国属于标准做法。这种操作涉及的数额并不小，1997年3月底的余额为143亿英镑。然而，当英国加入欧盟时，它放弃了这一权利。①

1991年12月经各国政府批准、1992年2月7日签署并于1993年11月起生效的《马斯特里赫特条约》（Treaty of Maastricht），建立了欧盟，成立了欧洲中央银行（ECB），并从2002年开始引入欧元作为单一货币。该条约及其后续修订版本规定了一套所有成员国都必须遵守的经济和货币规则，包括英国在内，尽管英国不在欧元

---

① 英国财政部公布的一份咨询文件记载（第29段）："为配合将国库现金流与英格兰银行操作分开管理的举措，英国央行和财政部将冻结在现金管理安排过渡期'筹款'预支的规模，其后将探索各种方法来偿还差额。这符合《马斯特里赫特条约》（第104条）的规定，并将为英国政府加入欧洲货币联盟（EMU）的第三阶段做准备。"[1]注意：第104条之后并入了第101/125条。

区。该条约确定了欧洲中央银行的法定独立性,即不受任何政府或民主选举议会的制约。

> 在行使或者履行《马斯特里赫特条约》及欧洲中央银行法赋予它的权力、义务和责任时,欧洲中央银行、某个国家的中央银行或者欧洲中央银行的决策机构,都不能寻求或遵从联盟的机构、组织,或者成员国的任何政府或机构的指令。
>
> ——欧盟(2008)[2]

《马斯特里赫特条约》关于货币创造的一项最重要的规则是欧洲共同体101条款(Article 101 EC),现在被称为《欧盟运行条约》(TFEU)[3]第123条。① 它禁止中央银行直接为政府的支出融资,包括任何透支或信贷便利,以及禁止中央银行直接购买任何政府债务工具(金边债券、国债等)。但该条款允许中央银行在二级市场上间接购买债务工具②,在这些债务工具已经向私人投资者发行并开始在货币市场交易之后(见专栏3.2)。至于是否购买,何时购买,由独立的中央银行而非政府决定。

英格兰银行自2009年实施"量化宽松"政策以来,一直在二级市场购买债券。英格兰银行已经购买了价值3 750亿英镑的政府债券,主要来自养老基金等机构投资者。新存款不是在政府的银行

---

① 在2009年的《里斯本条约》之后,欧洲共同体101条款进行了修订,现在被称为《欧盟运行条约》第123条,简称TFEU或TEU。然而,政策没有实质性的改变。两个政策的等效表可以从EUR-lex网站检索(http://eur-lex.europa.eu/en/treaties/index.htm)。
② 金融证券的首次发行,如公司股票在股票市场的首次公开发行(IPO),被称为"一级市场"。一旦证券首次发行,所有随后的交易都被称为"二级市场"。

账户中产生的，而是产生于这些投资者的账户中（见第 4.7.3 节）。即使中央银行是从其他银行而非机构投资者手中购买债券，也不会增加经济中流通的货币。在欧洲共同体 101 条款下，英格兰银行不被允许，也未曾直接从英国政府购买新发行的金边债券。当然，如果中央银行这么做，将为政府提供新创造的货币，由政府部门直接用于经济支出，或者用于减少国家债务。

这些欧盟的规则，至少在理论上确保了当政府支出超过税收时，政府将被迫从市场上借入资金并积累赤字，而不是为赤字融资，或通过中央银行创造新货币来增加公共支出。这就是为什么不同欧洲国家的政府债务利率一直是媒体关注的焦点，尤其是全球金融危机以来。当政府债务的利率达到一定水平时，市场可能会对政府通过继续支付利息来偿还现有贷款或者将其债务展期的能力失去信心，从而将利率推得更高，最终该国将面临违约的处境。政治经济学家杰弗里·英厄姆（Geoffrey Ingham）认为，《马斯特里赫特条约》实际上剥夺了单个国家创造货币的权力，并将其置于"市场纪律"（market discipline）之下。

> 后一项限制（101 条款）旨在防止个别国家按照由来已久的方式将其债务货币化，这将损害欧洲中央银行对货币生产的绝对控制。既然各个成员国中央银行无法将各自国家的债务货币化，那么对于预算赤字的处理就必须同任何私人企业一样，直接从货币市场融资。[4]

然而，这些对信贷创造的限制并不适用于"公开上市的信贷机构"（publicly owned credit institution），这些机构拥有充分的信贷创造权力，中央银行对待它们跟对待私人银行完全一样。此外，正如下文将讨论的，《马斯特里赫特条约》并没有阻止各国政府以贷款合同的形式直接从商业银行借款。这种方式也创造了新的货币，为公共部门借款提供资金，所以仍然是将政府支出货币化的可行途径。因此，即使是在严格的《马斯特里赫特条约》下，政府也有办法继续行使货币创造的权力。①

> 专栏6.1　政府可以直接创造货币吗？
>
> 　　历史上有许多政府通过发行政府货币来填补财政缺口的例子。这在一战期间的英国发生过，而在此前的11世纪到19世纪，是通过精细的账目棍系统完成的（见第2.3节）。[5] 类似的，德国、日本和美国政府也不时发行大量的政府债券，尤其是在19世纪。美国政府在20世纪也大量发行美元。[6]
>
> 　　虽然为财政支出提供资金而发行政府货币常常被认为具有通货膨胀性，但事实未必如此，特别是如果发行的政府货币限定在满足经济增长潜力所需的扩大货币供应量之下。
>
> 　　正如胡贝尔和罗伯逊[7]等人所认为的那样，政府创造的货币可能代表着对货币体系的有效利用，以实现税收负担的最小化和纳税人价值的最大化。这不会产生利息和利息上的利息（复利）之类的服务成本。当任何一个国家的政府在其债务上的复利支出与其核心政府支出项目的支出一样大，甚至更大时（见专栏4.4有关"铸币税"的内容），这将大有裨益。探索

---

① 这正如 Werner 自1994年以来一直所论证的（详见上述第5.5节和第5.6节）。关于该观点的讨论，请参阅 Werner（2012a，2012b）。[8,9]

> 创造新货币的替代方法超出了本书的范围，但在说明替代系统不仅是可能的，而且是经过测试和有效的方面，这些历史案例至关重要。在第7.6节中，我们将概述这一方法以及对当前货币和银行体系的其他替代方法。

6.1.1 欧元区危机与货币政策困境

欧洲主权债务危机在2008—2009年北大西洋金融危机不久之后爆发，对欧盟的货币政策规则进行了极限测试。欧洲中央银行已经"灵活地"解释了其中的一些规则，因此如果成员国政府不遵守这些规则，那么欧洲中央银行的可信度和强制力就会多少有些令人怀疑。此次危机还揭示了在危机时期拥有主权货币和中央银行的巨大优势。

通过价值3 750亿英镑的量化宽松政策项目（详见第4.7.3节），英国政府用"走后门"的方式实现了或者说至少暂时实现了债务货币化。英格兰银行在其官方通讯稿中称，准备金最终将被回售给市场，但鉴于其规模如此之大，短期内很难看到这种情况发生。现实情况是，英国只有在英格兰银行决定停止购买政府债券的情况下，才有可能出现债务违约。而且，由于英格兰银行可用于购买债券的准备金数量没有实际上限，这种情况似乎没有什么理由发生。英国政府债券利率一直处于低位的原因之一，是英国对于英格兰银行购买政府债券的能力没有限制。

与此相反，与其他17个国家实行固定汇率制度的欧元区经济体，必须依靠欧洲中央银行来防止主权债务违约。欧洲中央银行担心的道德风险是，如果借款利率过低，失去财政纪律，成员国将把欧洲中央银行的干预视为理所当然，继续增加预算赤字，因为它们知道欧洲中央银行将为它们兜底。同样也存在搭便车的问题，英国的债务货币化只会影响本国，而与之形成鲜明对比的是，在欧洲，债务货币化将影响所有国家（并由所有国家共同买单）。因此，任何一个国家都有动机背弃任何削减政府支出的协议。

尽管如此，欧洲中央银行还是从二级市场购买了价值数十亿欧元的希腊、爱尔兰、葡萄牙、西班牙和意大利的政府债券，以防止人们对欧洲主权债务市场失去信心。从 2011 年 12 月 8 日开始，欧洲中央银行还通过其长期再融资操作（Long Term Refinancing Operations，LTROs），以极低的利率向欧洲的银行提供了数十亿欧元贷款。然而，与英国一样，欧洲中央银行给银行体系提供的资金中，有很大一部分成了银行闲置在中央银行的准备金，并没有用于刺激经济。最近，欧洲中央银行宣布，它准备通过直接货币交易（Outright Monetary Transactions，OMTs），无限制地购买陷入困境的欧元区成员国的政府债务。然而，要获得这些资金，各国必须满足欧盟、欧洲中央银行和国际货币基金组织（所谓的"三驾马车"）设定的条件。可以看到，所有这些干预措施起到了与量化宽松政策相同的效果。[10,11]自 2008 年以来，欧洲中央银行尽管一直在其范围内行使职权，并未从事债务的货币化，但通过实施这些干预措施，其资产负债表规模已扩大一倍多，达到 2.75 万亿欧元。[①]

---

① 例如，最近欧洲央行行长马里奥·德拉吉（Mario Draghi）在宣布实施无限制的政府债券购买干预时表示："让我重复一下我在上个月曾说过的……我们严格执行指令，在中期内保持物价稳定；我们独立决定货币政策；而且，欧元是不可逆转的（趋势）。"

6.2 政府税收、借款与支出（财政政策）

如果政府不能从中央银行借贷或者创造自己的货币，它们如何进行"支出"呢？正如你我一样，政府必须先从某个地方获得资金，然后才能支出。① 一般来说，政府的支出要么来自财政收入、盈利的国有企业或服务的收益、国民保险缴款和税收，要么来自借款。②

6.2.1 税收

税收是如何运作的？原则上说，这个过程很简单（见图6.1）。当市场主体被征税时，他们银行账户的价值减少（在下面的例子中，他们把钱存入英国全国银行），于是中央银行准备金将从他们的银行在中央银行的准备金账户转移到英国政府在中央银行的账户（即统一基金，Consolidated Fund）。当政府产生支出时，这些准备金从统一基金流向接收方个人或组织的银行准备金账户（在下面的例子中为巴克莱银行）。因此，政府支付接收方的个人或组织会看到他们银行账户的价值增加。

---

① 现代货币理论（MMT）是宏观经济学的一种方法，对此观点持反对意见。[12] 现代货币理论认为，在拥有法定货币、主权货币和中央银行的国家，税收是政府从流通中抽取货币的手段（例如为了防止通货膨胀，或在私人部门内创造特别的刺激措施）。政府创造新货币的能力是没有限制的。
② 政府可以通过其他方法筹集资金，例如出售国有产业和资产，但这些都是一次性的，无法为永久性的政府赤字提供资金。在过去，政府还可以通过其他各种方式为其支出提供资金，我们将在第7.6节中进一步讨论。

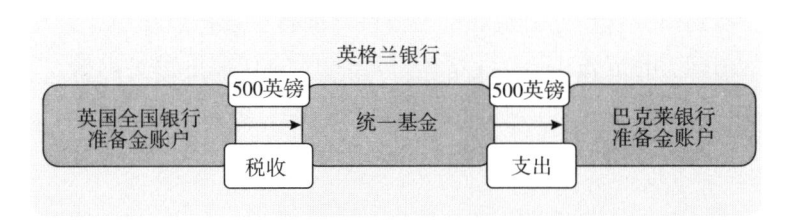

图 6.1　政府的税收与支出

6.2.2　借贷

当政府的运行出现赤字时，它的支出流超过了税收流。为了使收支平衡，差额可以通过发行政府货币来弥补，但这种做法在1945年之后没有被采用过（详见第7.6.3节），因此需要通过政府借款来弥补。政府借贷的方式主要是发行政府债券或者金边债券（详见第3.4.3节，专栏3.1）。政府被认为是最安全的借款人，因为它永远不会对以本币计价的债务违约（原因如上所述），所以政府债券通常很容易出售给投资者。事实上，投资者发现这些资产是他们投资组合中有用且需要入手的一部分，例如可以帮助养老基金将长期资产与长期负债匹配起来。

政府借贷的实际过程是什么样的？此过程可以概述如下（附录2将对其进行详细说明）：政府通过债务管理办公室（DMO）直接向一小部分银行出售金边债券，这些银行被称为金边债券做市商（GEMM）。① 然后，这些做市商将债券出售给客户，并代表客户在拍卖过程中投标，或者通过二级市场出售给更广泛的投资群体。现在，金边债券做市商必须将支付款从其在英格兰银行的准备金账

---

① 其中包括大型投资银行，例如巴克莱资本、高盛和摩根大通。[13]

户，转到债务管理办公室在中央银行的准备金账户。然后，这些准备金被转入政府在中央银行的统一基金，并从那里投入经济运行，如图6.2所示。

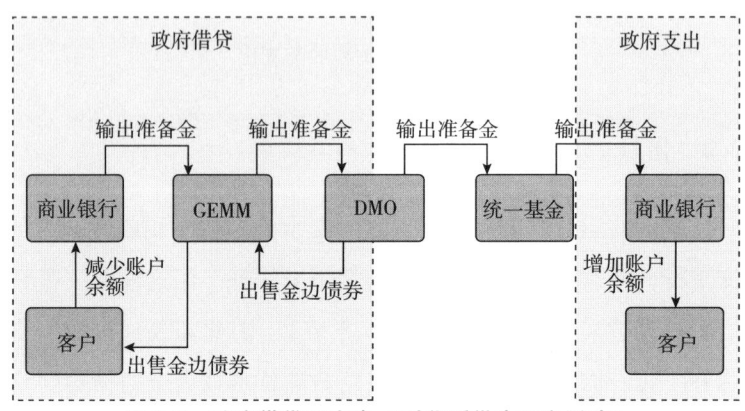

图6.2 政府借贷及支出（对货币供应无净影响）

我们还可以通过这个过程跟踪客户的存款。民众或雇佣他们的公司向养老基金支付款项，使得存款通过银行体系从这些个人和公司的账户转移到养老基金的银行账户。当养老基金从做市商那里购买新发行的金边债券时，它会看到自己银行账户的余额减少。然而，在链条的另一端，政府花掉了最近出售英国国债的收益，而接收者将发现他们的银行余额增加了。养老基金购买英国国债时"消失"的存款，现在又"重现"了，因此当政府借款时存款或准备金没有发生净变化。

在目前的制度下，政府借款导致货币供应扩张的唯一情况是，商业银行直接用自己的账户购买政府债券。在这种情况下，与图6.2所示的场景不同，银行不会减少任何客户的存款，因为他们不参与交易。然而，政府支出的接收者将拥有更多的银行存款（他们主要是非银行机构，比如领取公共部门工资的家庭，或者采购公共服务的公司），因此货币的总供应会增加。在英国，商业银行持有的政府债券比例相对较小。根据债务管理办公室数据，在过去的25年里，其比例处于 0~16%，因此目前这种税收和发行债券相结合的方法只是带来了相对较小幅度的货币扩张。然而政府支出融资还有另外两种可选方法，会导致货币供给更大幅度的扩张，我们将在第6.3.1节进一步讨论。

6.2.3　政府支出及余额闲置

如第4.3节所示，银行使用中央银行准备金来结算彼此之间的支付。当政府借款或征税时，准备金从银行的准备金账户中被提取，并转移到政府在中央银行的账户。当政府支出时，准备金又被转回到银行的准备金账户中。如果政府在收到准备金后没有立即花掉，那么整个银行业可能会发现，他们可以用来支付的体系内流通的准备金会出现短缺。这可能导致银行间市场准备金利率的上升（见第4.3.1节），使得中央银行很难将利率保持在货币政策委员会设定的目标利率附近。

政府可以将这些准备金重新贷回市场，并获得利息，而不是让它们闲置在银行账户中。类似地，政府各部门在商业银行的任何闲置存款（以及与之相关的准备金），如果没有被使用，也可以重新贷回市场。为了缓和这些问题，政府账户中持有的超额准备金，包括政府部门在商业银行中持有的账户，都将在当天结束时被"清缴"到债务管理办公室在中央银行的账户中。一旦存在剩余，债务管理办公室就会把它们贷回货币市场，直到有需要时再动用。因此，当政府征税或借款而不需立即支出时，准备金不会像最初看起来那样从银行体系中被抽干。相反,债务管理办公室的做法确保了这些准备金返回到系统中。

6.3　政府借款对货币供应的影响:"挤出效应"

很多经济学家认为,政府借贷会影响私人部门可用资金的价格和数量,这一过程被称为"挤出效应"。教科书上的"挤出效应"观点认为,当政府从市场借款时,它必须先说服私人投资部门放弃资源,然后政府才可以使用。通过发行新的政府债券来借贷,政府实际上借入了有限数量的资金,而这些资金原本可供私人部门借入。这将减少企业和私人部门可获得的投资,从而推高利率。这会抑制对投资的贷款需求,进而抑制经济增长。[14]

然而,这种通过更高利率而产生的挤出效应一直难以在实际中得到证明。[15]这一点在日本尤其明显,日本在20世纪90年代进行了创纪录的财政扩张。尽管这对经济没有产生预期的扩张效应,但利率也没有像挤出效应理论所显示的那样上升。[16]正如沃纳一直认为的那样,当投资者用现有购买力买入新发行的政府债券时,这些资金就无法再投资于私人部门。相反,它们归于政府,然后由政府使用。经济中的货币总量并没有改变。因此,假设政府和金融部门以同样有效的方式投资货币(我们在这里将其定义为与GDP相关的交易),与货币因素变化无关的纯粹财政政策将是增长中性的。①

因此,正如大多数经济学教科书所说,挤出效应并非通过利率

---

① 这是理查德·沃纳提出的"数量挤出论",请参阅(Werner, 1995[17], 2003[18])。

实现，在利率下降的时期也可能发生——通过对可用购买力的配给。

然而，认为政府和私人部门投资具有同等生产效能的假设，在现实世界中可能成立。如果政府能比初始私人投资者更有效地使用资金，政府借贷可能是扩张性的。然后，问题就变成了公共投资部门和私人投资部门的投资构成有什么区别。政府究竟是将借款用于提高经济的生产能力，还是仅仅用于维持公共部门运营的持续支出？如果没有贷款给政府的选项，金融部门（如养老基金和保险公司）就会把这些资金投资于企业，提高生产力吗？还是他们只会利用这些资金来抬高现有金融资产的价格？虽然对政府是否能比私人部门更加高效地使用资金的讨论超出了本书的范围（这可能仍将是一个有争议的话题），但有几点值得考虑。

首先，私人投资者配置资金的效率可能低于政府的原因有很多。私人投资者，尤其是机构投资者，通常会将资金投向回报率最高的领域，包括投资本国以外的项目。虽然这可能导致私人投资的回报高于在当地的投资，但投资的全部社会效益将会落在境外。此外，私人投资部门确实存在并非以提高生产效率为目的的借款，例如商品投机和商业地产融资。这不会增加GDP，反而会推高资产价格（详见第5.6节的讨论）。另一个例子是，当英国私人投资者为私募股权公司提供资金时，这些公司收购生产性制造厂商，解雇当地员工，并将生产外包给低工资国家。这减少了英国可提供的低技能工作岗位的数量，并导致失业。最后，当私人部门的经济信心较低时，就像在衰退期间一样，投资者往往不愿承担风险，转而寻求现有的金融资产以保存财富，包括房地产，而不是为新的商业企业提供资金。交易现有资产不会像投资于新的生产能力和基础设施那样刺激 GDP。

相比之下，政府投资必然会对 GDP 有贡献，因为政府没有理由投资于既有的金融资产。特殊类型的投资，比如在交通基础设施、住房建设或低碳转型和强化能源利用效率方面的投资，长期来看会对经济增长产生积极影响，但通常较少有私人部门愿意投资这些项目，因为最初的投资成本高，而投资回报较低或回收时间太长。此外，政府的支出通常具有再分配性质；将资金投向低收入群体（例如以福利的形式），他们对额外收入的支出比例比高收入社会经济群体更高。[19]

上述两种政府支出都会影响经济中货币的流动，即使货币存量保持不变，而且最初对名义 GDP 没有直接影响，但之后它们都会刺激更多的 GDP 相关交易。在这种情况下，货币的流通速度，或者说在特定时期内的易手次数会增加。就其对需求的影响而言，相当于货币数量的增加。综上所述，政府有可能以比私人部门更让社会受益的方式进行投资，政府支出的性质将有利于货币更快流通，并繁荣经济活动。然而，我们不能保证政府可以掌握正确的信息来进行有效投资，或者政府会试图从事有效投资。

6.3.1　财政政策与增加信贷创造的关联

通过将财政政策与信贷创造挂钩以增加财政政策的影响是可能的，并可以通过多种方式实现。最简单的办法是，中央银行通过二级市场间接购买新发行的政府债券，为财政扩张融资，同时不通过任何其他交易抵消这些购买。换句话说，当英格兰银行在二级市场购买 10 亿英镑现有金边债券时，政府可以利用这个机会通过出售新金边债券来筹集同样数量的资金。政府支出将增加，或税收将下降，但私人部门持有的英国国债总量将保持不变。

当无法确定中央银行是否会开展这种长期合作时，政府还有另一种简单的选择，即停止发行政府债券，而直接从商业银行以长期贷款合同的形式借款。① 这样做的好处是可以增加银行的信贷创造，并通过提高贷款质量来强化银行体系。这一政策为西班牙、爱尔兰等国当前面临的很多问题提供了一种潜在解决方案：优惠贷款利率（the prime rate），即银行向信贷风险最低的借款人收取的利率，在很多国家通常远低于类似期限的主权债券收益率，比如西班牙、爱尔兰、葡萄牙和希腊。其原因在于，银行信贷是不可交易的，因此不容易受到投机性攻击，也不容易被评级机构下调评级，而且根据《巴塞尔协议》，这些贷款符合作为欧洲中央银行抵押品的条件，但不需要按市值计价，也不需要银行获得新资本。[20,21]正如我们在第3.6.2节中看到的，政府直接从银行借款的类似机制在英国最后一次被采用是在二战期间，当时英国财政部强迫银行以1.125%的利率购买国债存单（Treasury Deposit Receipts，TDRs），以为战争筹集资金。[22]国债存单的有效期为6个月，因此流动性比短期国库券低，但支付的利息比当时的短期国库券高0.125%。[23]

为应对英国银行业危机，英国政府选择了相反的做法：它从市场借款，为银行体系纾困提供资金。② 然而，中央银行通过量化宽松计划回购政府债券，在一定程度上抵消了这一影响。

---

① 这一方案由理查德·沃纳于1994年首次提出，请参阅 Werner（1994[24]，1998[25]，2000[26]）。
② 有关英国纳税人支持银行业的成本细节，详见 Prieg、Greenham 和 Ryan-Collins（2011）。[27]

6.4 外汇、国际资本流动及其对货币的影响

20世纪末全球化的一个关键特征是,对货币跨境流动放松监管和自由化,这对政府和中央银行影响货币政策的能力产生了重要影响。本节将解释外汇及其与商业银行货币和中央银行准备金之间的关系,然后检视汇率制度,以及国家为实现特定的货币政策目标如何进行干预或不干预。我们将看到,随着国际历史演进和制度发展,各国在货币政策方面受到的限制。关于外汇支付系统如何运作的更多技术细节详见附录3。

6.4.1　外汇支付

外汇市场对不同货币的买家和卖家而言只是一个市场(实物的或虚拟的),但对全球化的现代经济至关重要。外汇的产生是由于从事跨境贸易的人们需要持有当地货币,向当地卖家付款。

尽管一个国家生产的商品以该国货币计价(一条面包 = 1 英镑),但该国货币以其他货币计价(1 英镑 = 1.63 美元 = 1.13 欧元)。货币的价格被称为汇率,并按对报价。对大多数个人来说,他们唯一会亲自处理外汇的时间是出国度假时。然而,这些交易只占所有外汇交易的一小部分。外汇市场上主要的私人部门参与者包括进出口企业和投机者(见专栏6.2)。

任何一家经营外币业务的大型商业银行,包括几乎所有主要的商业银行,都不仅在本国中央银行有准备金账户,而且在外币所属国的中央银行也有准备金账户。让我们看看当一种货币以商业银行货币和中央银行准备金的形式兑换成另一种货币时,会发生什么。

假设美国人吉姆想在伦敦买一套房子。他在美国花旗银行有一个美元账户，在英国巴克莱银行有一个英镑账户（见图6.3）。假设汇率是1.50美元=1.00英镑。他指示花旗银行将150万美元转入他在英国巴克莱银行的账户。吉姆的美元存款余额将减少150万美元，他的英镑存款余额将增加100万英镑（扣除银行的所有费用后）。

> **专栏6.2　外汇市场**
>
> 到2010年，外汇市场已经成长为世界上最大和最具流动性的市场，平均每天有超过4万亿美元的货币被兑换（结算①）。[28]英国的银行主导了外汇市场，在市场周转额中的占比高达37%，而位于美国的银行占比是18%，日本是6%，新加坡是5%，瑞士是5%，中国香港是5%，澳大利亚是4%。
>
> 在交易的货币中，美元是最主要的，占所有交易的85%。其他主要货币还包括欧元（占比37%）、日元（占比17%）以及英镑（占比15%）②。[29]

交易背后，花旗银行将进行一笔"现货交易"（见附录3），寻找一家有意愿用英镑购买美元的英国银行，假设为巴克莱银行。美国花旗银行将把美元准备金从其在美联储的账户转到巴克

---

① 在外汇市场上，"结算"（settlement）是指交易的完成和交易合同的履行，即当两种货币都已支付（电子化）给买方和卖方的银行账户时（通常在交易完成后两天），就会发生即期交易结算（即期汇率）。
② 因为每笔交易涉及两种货币，因此每种货币百分比份额的总和为200%，而不是100%。

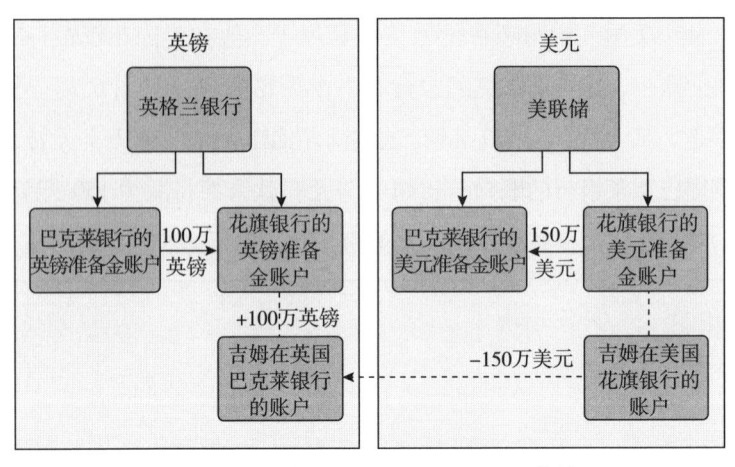

```
              英镑                              美元
          ┌─────────┐                      ┌─────────┐
          │ 英格兰银行 │                      │  美联储  │
          └────┬────┘                      └────┬────┘
       ┌───────┴───────┐              ┌─────────┴─────────┐
       ▼               ▼              ▼                   ▼
  ┌─────────┐  100万  ┌─────────┐  ┌─────────┐  150万  ┌─────────┐
  │巴克莱银行的│────────▶│花旗银行的│  │巴克莱银行的│◀────────│花旗银行的│
  │英镑准备金 │  英镑   │英镑准备 │  │美元准备金 │  美元   │美元准备 │
  │  账户   │        │ 金账户  │  │  账户   │        │ 金账户  │
  └─────────┘        └────┬────┘  └─────────┘        └────┬────┘
                     +100万英镑                       −150万美元
                          ▼                               ▼
                     ┌─────────┐                     ┌─────────┐
                     │吉姆在英国│◀─── ─── ─── ─── ─── │吉姆在美国│
                     │巴克莱银行│                     │花旗银行的│
                     │  的账户 │                     │  账户  │
                     └─────────┘                     └─────────┘
```

图 6.3　外汇转账 150 万美元（100 万英镑）

莱银行在美联储的准备金账户。这两笔交易都发生在美国货币体系内。

在英国，巴克莱银行将把英镑准备金从其在英格兰银行的账户转到花旗银行在英格兰银行的账户（都在英国系统中）。从外汇储备来看，美国的巴克莱银行获得了美元准备金，作为交换，英国的巴克莱银行向英国的花旗银行提供了英镑准备金。因此，两国的准备金总额是相同的。

吉姆在英国巴克莱银行的账户多了 100 万英镑，作为交换，他在美国花旗银行的账户少了 150 万美元。

实际上，如果两家商业银行分别在两家中央银行都开设了准备金账户，那么如果不进行巨额外汇交易，两家银行都不需要调整准备金，就像英国银行间市场那样，只需要计算交易的差额净值。需要注意的重点是，外汇交易不会影响银行体系总准备金水平，而只是在银行间转移准备金。

6.4.2 不同汇率制度

正如第 3.6 节讨论的，英国已经从以黄金为担保的货币制度转向固定汇率制度，并最终转向自由浮动汇率制度。在本节中，我们将简要回顾这些不同的模式及其与货币政策的关系。

当各国坚持金本位制时，它们的汇率是由一项协议决定的，即用纸币兑换一定数量的黄金。然而，对法币实行固定汇率制度也是一种可能的选择，就像欧洲在引入欧元之前的情况一样。

当汇率不由市场自由决定时，最常见的安排是钉住汇率制度（pegged regime）。此时中央银行以外币为本国货币定价。为了维持这种钉住汇率制度，需要有足够的外汇储备，以及足够多的用来持有外汇储备的证券。例如，1991 年阿根廷实施钉住美元的汇率，1 比索就可以在中央银行按需兑换成 1 美元。同样，许多亚洲经济体在 1997 年之前一直维持钉住美元的汇率制度，但由于各经济体中央银行未能妥善调整钉住比例或货币政策，这些经济体耗尽了大量的外汇储备，最后不得不放弃钉住汇率制度。

其他类型的钉住汇率制度包括爬行钉住汇率制度和通货波带（currency bands）。爬行钉住汇率制度允许汇率缓慢升值或贬值，以适应两国不同的通胀率。这就防止了一个国家的商品变得比另一个国家的商品更昂贵，从而保持了实际汇率（商品的汇率，或者专业术语所说的"购买力平价"）的稳定。相反，通货波带允许汇率在一定范围内自由浮动，尽管只是很小的范围。也许近代历史上最著名的通货波带就是欧洲货币体系，它在 1978 年至 1998 年决定了欧盟的汇率价值。

这类固定汇率制度通常需要中央银行进行干预，以维持货币稳定。与固定汇率制度相比，浮动汇率制度在理论上可以让中央银行不再介入外汇市场，由市场力量决定汇率。目前，世界上大多数主要货币都实行浮动汇率制，但各国中央银行的干预程度尚不明确。实际上，中央银行为稳定汇率可能会进行干预。例如，2011年3月11日日本发生地震后，英国政府和其他七国集团（G7）国家于3月18日进行了干预，以防止日元进一步升值。因此，这些浮动汇率制度有时被称为"有管理的浮动"（managed float）或"肮脏的浮动"（dirty float）。在浮动汇率制度下，如果英国人希望在欧洲投资，他们必须卖出英镑而买入欧元。除非有相应的投资流入英镑，否则英镑兑欧元的汇率将需要大幅下跌，才能吸引新的英镑买家进入市场。这被称为欧元升值，或者同样的英镑贬值。

6.4.3 政府汇率干预与"不可能三角"

那么，汇率制度的选择为何如此重要呢？显然，这将直接影响那些有意愿买卖外币的人。而且，汇率制度的选择也将影响中央银行实施自主货币政策的能力。如果一个国家选择固定汇率和自由资本流动，那么必须使用货币政策来维持其货币的价值。中央银行必须随时准备买卖本币以干预外汇市场。例如，假设你是1991年的阿根廷中央银行，汇率固定在1比索兑1美元。由于美国出现新的投资机会，阿根廷人开始抛售比索，买进美元，导致以美元计价的比索价格面临下行压力。阿根廷中央银行介入，卖出美元，买进比索，并以此维持1∶1的汇率。然而，要想实现这一目标，阿根廷中央银行需要充足的美元储备。[1]

---

[1] 实际上这个过程远比此处描述的复杂。尤其重要的一个事实是，中央银行准备金（以比索计）被转移到了中央银行，并从系统中移除。在中央银行没有任何抵消作用的情况下，外汇储备的减少可能导致银行间利率的上升。

人们普遍认为，不可能同时维持资本自由流动、固定汇率和主权货币政策，即以货币政策为政策工具来满足特殊的国家需求。这就是所谓的"不可能三角"（见图6.4）。

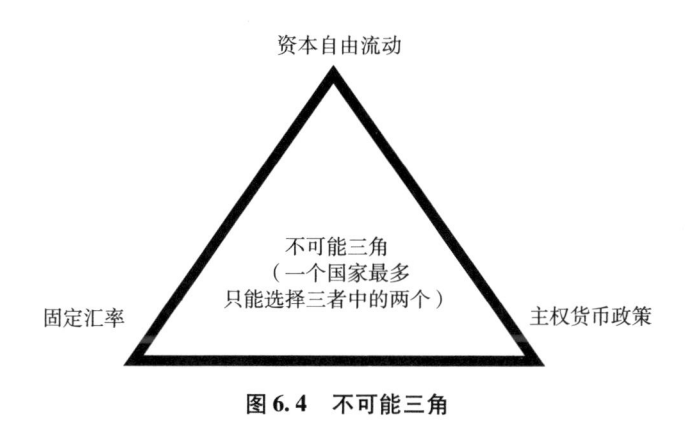

```
                    资本自由流动

                         /\
                        /  \
                       /    \
                      /      \
                     /  不可能三角  \
                    / （一个国家最多 \
                   /  只能选择三者中的两个）\
        固定汇率  /_____\  主权货币政策
```

图6.4　不可能三角

究其原因，在一个实行固定汇率制度的国家，如果这个国家的中央银行试图降低利率来刺激国内经济，那么这个国家的居民可能会把他们的储蓄转换成外国资产，以利用国外相对较高的利率。为此他们会抛售本国货币，这可能会由于突然增加的供应而导致汇率下跌。然而，中央银行承诺维持汇率不变。为了阻止货币贬值，它必须把外汇兑换成本国货币。但是，只要存在利差，人们就可能继续转向外国资产。因此，除非中央银行提高利率，否则国内货币的抛售可能会持续到银行的外汇储备耗尽为止。这时中央银行将无法再支持本国货币，导致本国货币贬值。当然，这又将违背中央银行对固定汇率的承诺。

英国对1992年9月16日"黑色星期三"的应对就是这样一个实例。当时，由于货币投机者的压力，英国政府被迫从欧洲汇率机制（European Exchange Rate Mechanism，ERM）中撤出英镑。英格兰银行在同一天内两次大幅加息，试图阻止资本外流并维持汇率不变。这一前所未有的举措最终没有成功，因为投资者不相信加息是可持续的。

欧元区等货币联盟的成员国实际上在运行一种固定汇率机制，其相当固定以至于各国货币已被合并为单一货币。这就是为什么希腊、西班牙、葡萄牙和爱尔兰等国，在一个资本自由流动的世界里，无法根据各自的经济环境制定一套适合自己的主权货币政策（此外也不再拥有自己独立的中央银行）。如果没有自己的主权货币和中央银行，它们既不能调整利率以刺激需求，也不能像英国那样通过量化宽松创造额外的中央银行准备金，从而帮助降低利率。

一个国家能限制资本流动吗？是的，如果拥有独立的货币和中央银行，它就可以。亚洲金融危机爆发后，马来西亚政府成功地实施了这一战略，尽管最初遭到国际货币基金组织的反对，但之后马来西亚政府改变了反对资本管制的立场。[30]中国、印度和巴西也都在例行使用此类政策。然而，资本管制的实施面临挑战，例如大型企业会将资本流动伪装成经常账户交易。

6.5 小结

本章描述了政府和外汇在货币创造过程中的作用，特别是它们在多大程度上可以通过财政和货币政策直接或间接地影响货币供应。欧盟立法禁止成员国政府通过直接向中央银行借款或"将政府债务货币化"来扩大信用创造。量化宽松有时被视为中央银行规避这些限制的一种手段，因为通过创造新的准备金来购买大量政府债券的效果被视为"通过后门"将债务货币化。然而,量化宽松的有效性受到了广泛的质疑,包括本书的作者们[31~34],尤其是关于其在刺激信用创造和 GDP 方面的有效性(见第 4.7.3 节)。此外,中央银行的独立性导致政府无法直接控制这些政策。

欧元区不可避免地会走向"不可能三角",因为欧元体系本质上是一个永久固定汇率体系。当一个国家采用固定汇率制度并支持资本自由流动时,它必须使用货币政策来管理汇率,而不是创造国内信用。就欧元区成员国而言,它们根本不能使用货币政策,因为它们已不再拥有自己的货币或中央银行。财政政策目前仍由欧元区各国政府负责(暂时如此),它们可以通过发行债券筹集资金。这对货币供应的影响是中性的,资金只是从经济的一个部分转移到另一个部分。如果政府的投资方式明显比私人部门更能促进生产,就有可能会刺激经济增长,但这肯定不是理所当然的。这种为政府赤字提供资金的方法,只能依赖于投资者购买政府债券的意愿:欧元区体系的特征就是让各国政府服从国际金融市场的财政纪律。

然而,即使在现有规则下,政府也可能有其他选择。第 6.4 节概述了替代性的货币体系,但值得强调的是政府直接干预信用创造过程的两种方法。政府可以通过贷款合同从商业银行借款,来扩大有效货币供应,就像二战期间曾在英国发生的那样;也可以像 1914—1927 年的英国和 1000—1826 年的英格兰那样,直接发行政府债券。[35]

由于政府的开支直接扩大了货币供应,这些方法将使财政政策和货币政策更加紧密地结合在一起,因此对于当前的正统观点而言,这些方法被视为非常规的。然而,自 2008 年金融危机和随后的欧盟主权债务危机以来,这种区别和分离一直面临巨大压力。如果经济需求足够紧迫，以前的量化宽松等非常规政策可能会变成常规政策。

政府进行了大规模干预来为银行体系纾困，导致财政状况紧张。各国中央银行转而利用货币政策对债券市场进行大规模干预，以支持政府。这有助于降低利率，提振对主权债务的需求，从而缓解财政政策的压力。欧洲中央银行2012年的政策，尤其是直接货币交易机制（OMT，详见第6.1节）为欧洲中央银行购买政府债券设定了财政政策的条件，挑战了中央银行"不关注政治"的观点。作为信用创造的引擎，财政政策、货币政策和银行体系是密不可分的。

第7章

结论

银行在投放信贷、购买现有资产或提供透支便利时会创造新的存款，一旦客户动用这些资金，它们就转变为存款。这些存款被所有人接受，包括政府接受它被用来纳税。这是信用创造的过程，该过程使银行能够创造货币。

银行独立于国家创造新货币的能力造就了现代资本主义，并使其与众不同。正如政治经济学家杰弗里·英厄姆阐述的那样，他延续了约瑟夫·熊彼特的观点：

> 以新创造的银行货币作为货币资本，为生产融资，使资本主义成为一种独特的经济体系。虽然在之前的许多经济体系中，企业、雇佣劳动和市场交易也小规模存在，但是……它们能够形成以发展为主导的生产方式，是因为建立了全新的创造货币的银行系统。[1]

7.1 货币的历史：信用还是商品？

第 3 章对现代银行起源的历史概述表明，货币被作为信用早于商品被用作货币的时期。货币体系发展到今天，随着电子支付的应用越来越频繁，商业银行货币主导了货币供应。

17世纪伦敦的金匠和商人发行的本票和汇票，是持有者对未来收入的索取权，但其背后没有任何保障：它们是支付承诺。这些票据的规模是有限的，而且本质上仍然是私人合约。当英国政府迫切需要资金来支付战争费用，而又无法快速铸造银币时，它也开始向金匠借钱（而不是像账目棍时代那样发行政府货币），于是现代货币萌芽的机会出现了。这些债权人坚信统治者不会违约，于是建立了拥有垄断地位的银行，以一定的贴现率承兑其票据。正如英厄姆指出的：

> 私人拥有的英格兰银行将统治者的个人债务转化为公共债务，并最终变成了公共货币。汇票兑换的私人货币是从私人商业网络中提取出来的，并在客观信任和合法性的基础上，给予了更广泛和更抽象的货币空间。²

因此，现代资本主义孕育了一种层次分明的监管控制形式，中央银行处于等级顶端，确保商业银行货币的名义价值与中央银行货币的实际价值（英格兰银行纸币和硬币）之间保持关联；同时希望中央银行能够通过再贴现权力控制商业银行的货币数量，并作为最后贷款人通过紧急发行中央银行货币（"印钞"）拯救任何在储户失去信心时面临挤兑的银行。在短期内，该制度似乎是稳定的，特别是在实行固定汇率和严格的国内国际信贷管制的20世纪五六十年代。

然而，管制放松和技术发展使我们陷入一种局面，即商业银行现在完全主导了信用创造，因此也主导了货币供应。这就是现实情况，即使货币的可接受性需要国家保证，银行存款的安全性归根结底也是由纳税人支撑。事实上，有人可能会说，活期存款比纯现金更具流动性，因为今天通过活期存款转账的形式来缴税（以及支付几乎所有的其他普通债务，例如家庭杂费账单）要容易得多，而且往往更便宜。确实，今天如果你没有银行账户，你的生活就会更加复杂和昂贵。研究表明，如果某人无法使用银行账户，其每年可导致的额外财务费用、超额利息和更高成本的能源和其他杂费累计高达1 000英镑。[3]

7.2 什么算作货币：划清界限

正如我们在第4章中发现的，识别什么是货币并不容易。金融创新意味着，当一种工具被定义为"货币"并被加以控制时，由古德哈特定律可知，人们总是能够找到逃避税收和监管的替代品。[4]这类工具包括基于以住房等流动性极低的资产作为抵押发放贷款的金融衍生品。尽管这类工具不会真正被当作货币，但它们已经被越来越多地以货币方式进行交易：通过投资银行、对冲基金以及其他国际金融参与方在全世界范围高速、频繁地流通，但正如金融危机揭示的那样，它们在金融机构中的可接受性最终取决于债权—债务关系的强度。在2007—2008年金融危机期间可以清楚地看到，美国的许多抵押贷款支持证券都以次级贷款为基础，而在这些次级贷款的借款人可能违约时，银行之间的信任会发生迅速的系统性崩溃，因为这些债务被分散在众多银行的资产中。这些抵押贷款支持证券在几天内从高流动性、类货币性以及容易买卖，变得高度缺乏流动性。

预期是流动性和"货币性"（money-ness）的核心。如果对未来全面发展的预期稳定且广泛被认可，那么大范围的私人负债将被认为具有流动性，并且会在金融机构的投资组合中找到一席之地，这些金融机构通过当前操作就可以获得超过支出的收入盈余。[5] 因此，流动性本身变得非常主观，我们已经看到流动性系统性崩溃的可能性显著增加。

定义货币的另一个困难源于其流通与价值贮藏功能的冲突，流通功能要求流动性越高越好，而作为贮藏的资产流动性较低，例如住房，往往能更有效地保持其价值以抵御通货膨胀。[6] 可能不同的货币概念在一定程度上是由人们在不同时期对货币的不同功能赋予的相对重要性所驱动的——无论他们认为货币最重要的用途是价值贮藏，还是一种交换手段的功能和可获得性。这种冲突值得进一步研究，因为它表明可能没有任何一种单一形式的货币能够同时良好发挥货币的所有功能。

7.3 货币是一种政府背书的社会关系

货币的信用模式带来的启示是深刻的。货币不是中性的，也不是经济"真实"活动（贸易、交换、使用土地和劳动力）的面纱，很显然，货币——作为对未来资源的抽象的、客观的要求——是一种社会和政治产物。因此，货币影响力的决定因素包括：它是什么（账户单位）、由谁发行、发行多少、给谁发行以及发行目的。

货币的记账单位功能仍然主要由国家决定，因为这至少已经有四千年的历史了。[7] 国家之所以能够做到这一点，主要是因为我们生活在这样的社会里，即使存在大量的离岸和避税活动，致使大量的相关财富储备并未真正处于国家的监控范围内，但我们大多数人都必须以税收的形式定期向国家支付。如果人们和公司知道自己必须以某种计价方式定期支付，那么他们在进行交易时使用同样的计价方式是非常合理的。交换媒介可能会改变——信用卡、支票、在线或移动电话付款——但记账单位保持不变，否则货币就失去了普遍接受性。

虽然货币实际上就是一种支付承诺，但货币和欠条的区别在于它的普遍可接受性。由于几乎每个人都需要定期缴纳税款，因此在私人债务和交易中，视同税款的支付承诺往往被最广泛地接受。债权—债务关系的性质是抽象的，而不是具体的。[8] 正如美国经济学家海曼·明斯基（Hyman Minsky）指出的，"任何人都能创造货币，但问题在于它是否被接受"。[9] 由于银行是经济体的会计，绝大部分交易都通过它们的电脑进行登记，所以银行在其货币被接受（通过发放信贷而创造的货币）方面处于独一无二的地位。银行存款作为支付手段获得广泛接受的部分原因可能是，公众根本不知道银行确实创造了货币供应。

人们接受和持有货币并不是因为它作为一种商品的内在价值，而是因为它对未来可交换性的保证；"持有人不依赖占有本身，而是预期未来可将其用于支付的占有"。[10]

未来货币的可交换性由政府在三个关键方面予以保证：1. 通过接受其用于缴税；2. 通过纳税人支持的银行存款保险①；3. 由

---

① 尽管存款保险作为金融服务补偿计划（The Financial Services Compensation Scheme）的一部分，名义上是通过向金融服务公司征税来提供资金，但任何重大的银行倒闭或系统性危机，都将迅速吞噬其资源，正如2007年8月所发生的那样。

纳税人提供资金的隐性担保，即银行一旦陷入困境将得到政府救助。

因此，我们可以说，所有的货币都是信用，但并非所有的信用都是货币。熊彼特认识到，我们需要的是一个货币的信用理论，而不是信用的货币理论。[11] 而且，虽然没有任何定义是完美的，但杰弗里·英厄姆的货币概念似乎是恰当的：货币是"一种拥有抽象价值的社会关系，其中的抽象价值由最权威的记账单位定义"。[12] 货币并不是随着市场自然运作"出现"或者"产生"的，实际上它是作为国家、公民以及银行之间的信用和债务关系被发行并流通的。[13] 正因如此，在测算银行体系的信用创造和中央银行的信用创造时，我们可以给出相当准确的解释。[14]

7.4 对银行监管和现行制度改革的启示

商业银行创造新货币的能力对于经济繁荣和金融稳定有许多重要启示，在此我们强调与理解银行体系相关的四点启示以及一些改革建议：

1. 虽然资本充足率要求在很多方面是有效的，但它并没有制约货币创造，因此也无法制约银行业整体资产负债表的扩张。换言之，资本充足率要求对于防范信贷激增及相关的资产价格泡沫是无效的。
2. 在不完全信息和非均衡的世界里，信贷由银行配给，银行贷多少款的首要决定因素不是利率，而是对贷款能被偿还的信心，以及对其他银行和整个体系流动性和偿付能力的信心。

3. 实际上，银行决定着经济中新信贷的配置去向。银行目前更有动力为购买现有资产或其他金融投机创造信用，而不是借贷给创造新资产的投资。新货币更可能被配置到地产和金融投机领域，而非小型企业和制造业，这会产生深远的经济影响。

4. 正如信贷数量论揭示的，财政政策本身不会导致货币供应的扩张。事实上，政府在实践中并没有直接参与货币创造和分配过程。这一点几乎不为人知，但它对财政政策的有效性和政府在经济中的角色有重要影响。

7.5　向有效改革迈进：需要考虑的问题

我们已经认识到一个不稳定的货币和银行体系的根源可能在于历代君主和政府对于货币性质的错误理解。在第 3 章中，我们提到政府对资金的需求以及人们相信只有金银才能作为货币的基础，导致我们今天这些特殊制度安排的产生。关于货币是一种商品而不是一种债权—债务关系的误解，抑制了领导人和经济学家的想象力，尽管危机反复爆发，他们依然允许货币政策制度的恒定发展。

本书揭示了，一个几乎完全由商业银行主导的货币创造体系并非不可避免。既然如此，任何对于现存货币和银行制度的认真分析都会提出大量悬而未决的问题，包括：

- 如果国家在决定"货币是什么"中的作用如此关键,为什么在控制货币供应方面面临如此多的麻烦?正如20世纪80年代货币主义政策遭遇的困难那样。
- 为什么在过去的八个多世纪,国家无法防止金融和银行危机的发生?[15]
- 国家在决定为经济体发行多少货币、出于什么目的发行货币方面,是否应该拥有更大的权力?
- 当货币创造过程被私有化,银行拥有货币创造的公权力时,难道不应该让银行承担相应职责,确保这一极大的权力被用于改善公众利益的业务活动吗?考虑到银行显然无法总是顾及中长期利益,我们是否应继续允许这一公权力被银行用来追求各自的短期利益?
- 合作持有并主要履行社会使命的信用社等金融机构的信用创造权力被严格限制,而由股东持有、逐利的银行却拥有如此大的信用创造权力,合理吗?[16]
- 将银行家犯错的成本均摊给纳税人,而不对银行家施以严肃惩罚或威慑,合理吗?政府和央行是否应考虑以较低成本处置银行危机的备选方案,而不是让纳税人承担巨额债务?例如,中央银行能否发挥其最后贷款人的作用,以面值从银行购买不良资产并将其保留在资产负债表内?
- 中央银行是否被赋予了适当的货币政策目标、正确的使命以及完成这些任务所需要的正当权力?银行危机是由信用驱动的资产泡沫导致的,货币政策的作用就是防止银行危机。消费通胀目标是否应被资产价格通胀目标替代或拓展,通过信贷指导制度来实现?

- 信贷指导,包括抑制以投机为目的的信用创造,是否应被重新放入英国货币政策的工具箱?这能否成为新的金融政策委员会的一项权力?此类措施是否应与其他政策结合起来,包括鼓励生产性信用创造的政策(例如通过银行奖励制度使银行有动力向中小企业发放贷款)[17],以及重塑银行业的政策,如鼓励更多小型、地方或区域银行发展跟当地消费者的长期关系?
- 补充货币通过在信用紧缩时期提供替代交易方式,在提高货币体系稳定性方面能发挥什么作用?
- 英国政府是否应设立国家银行,以零利率或极低利率为特定基础设施项目创造贷款?① 是否应对《马斯特里赫特条约》限制政府直接开展信用创造的条款加以修订?

令人失望的是,迄今为止审查金融体系改革的国内和国际行动几乎都没有解决上述问题。事实上,在英国银行业独立委员会的报告中,有关银行在创造新货币方面关键角色的讨论很少,而且不准确。

7.6 现行制度有替代选择吗?

尽管本书的初衷是描述现有货币和银行体系是如何运行的,而不是审查和评估替代选择,但替代选择的存在为进一步研究和可能的政策创新提出了重要的问题。其中部分已经在前面的章节中有过

---

① 请参阅对英国投资银行的提案样例。[18]

讨论，现总结四个主要的替代选择。

7.6.1　政府直接从商业银行借款

政府或财政部门可以直接从商业银行借款，例如通过低利率的长期贷款合同，而不是通过发行债券借入资金（见专栏3.1）。英国上一次采取类似政策是在二战期间，当时采纳了凯恩斯的建议，财政部以1.125%的利率发行国债存单（TDRs）从银行借款（见第6.3.1节）。这种方法为政府创造了全新的购买力，而不是像债券发行那样从私人部门重新分配购买力（第6.3节）。这项政策也应该受到银行的欢迎，因为政府是最安全的借款人。根据《巴塞尔协议Ⅲ》，向政府发放的贷款将被列为安全等级最高的风险加权资产，从而帮助银行满足更高的资本充足率。

与此同时，以这种方式借款的政府将不会受制于债券市场和评级机构的反复无常，而这种反复无常的破坏性影响已在欧洲主权债务危机中显现出来。事实上，正如第6.3.1节讨论的，南欧欧元区成员国可以采用这种政策来缓解当前的危机。

7.6.2　中央银行为公共支出创造信用

正如我们看到的，中央银行有权力像商业银行一样通过扩张资产负债表创造货币。英格兰银行、美联储、欧洲中央银行和日本银行的量化宽松政策表明，在危机时期，没有什么能够阻止中央银行创造大量信用，以支撑现有的金融体系。然而，中央银行采取的量化宽松政策似乎并没有有效地促进GDP增长和就业，因为当银行和投资者信心低迷时，额外的购买力仍然滞留在金融部门内（见第4.7.3节量化宽松）。

然而，从历史上看，有许多中央银行创造信用，让当时的政府直接用于国民经济的例子，包括 1914—1924 年的澳大利亚，以及 20 世纪 30 年代的新西兰。当时，中央银行的信用创造为住房建设、食品价格稳定以及战争支出提供了资金。[19,20,21] 在加拿大，从 20 世纪 40 年代到 70 年代，中央银行在基础设施投资方面发挥了关键作用，特别是借助加拿大工业发展银行（Canadian Industrial Development Bank）的力量。[22,23]

正如第 6.1 节讨论的，欧盟的规则禁止中央银行直接从政府购买债券。然而，这些规则不适用于从"公有信贷机构"购买债券，例如在英国，绿色投资银行（GIB）、最新公告的商业投资银行[24]或另一家国有银行可以大量发行债券，由英格兰银行购买，就像银行以同样方式购买政府债券一样。这将再次创造新的购买力，可以直接用于生产部门。[25] 如果央行拒绝将此类资产计入资产负债表，财政部可能会为其提供担保，就像政府的"信贷宽松"政策和现有的资产购买便利一样。[26]

7.6.3 货币支持财政支出

以上两个选项共同的核心挑战在于，当特别关注减少财政赤字的需求时，解决方案却在实际增加有息债务。当然，如果中央银行是国有的，利息将流回政府本身。大多数工业化国家已经有大量的复利债务，因此各国可能希望考虑用其他方式来替代有息债务融资，以实现财政扩张。

从历史上看，有许多国家直接创造货币并将其无利息地投入流通的例子。① 事实上，在 17 世纪末现代银行业发明之前，大多数国家都使用简单的会计技术，如英国的账目棍（见第 3.3.1 节）、铸造硬币或印刷纸币来为各项活动提供资金，并通过税收确保它们被广泛采用。[27,28,29] 历史上也有许多政府通过发行政府货币来填补财政缺口的例子，包括美国政府在内战中和内战后的美国以及一战期间的英国发行"美钞"（布拉德伯里纸币，见第 3.6.2 节）。[30,31] 同样，德国、日本和美国政府有时也发行大量的政府货币，主要是在 19 世纪。[32]

一系列知名经济学家，包括欧文·费雪[33]、米尔顿·弗里德曼[34]、亨利·赛门斯[35]、詹姆斯·托宾[36] 和赫尔曼·戴利[37] 都认为，当政府被允许扩大货币供应时，银行系统将会更加稳定，可以对银行账户实施 100% 准备金的要求，这样银行才能真正发挥匹配存款人和借款人的中介作用，就像现在 P2P（个人对个人）贷款人做的那样。最近这一提议得到了国际货币基金组织两位经济学家的支持，他们用最先进的宏观经济模型检验了 100% 准备金的提议并证明这一提议将有效地减少现有债务并稳定经济。[38] 虽然为财政支出提供资金而发行的政府货币常常被认为会引起通货膨胀，但现实未必如此，尤其是在扩张的货币供应量只是在满足经济增长潜力所需的情况下。[39,40] 这种类型的货币发行可以限定在特定的部门和特定的时间内，然后政府可以通过征税使其退出流通。

---

① 也许有人会说，国家货币在某种意义上仍然是"债务"，因为其公民必须用它来缴税（他们对于国家的债务），但这种财政融资形式的特别之处在于它没有利息和复利。

7.6.4 区域或地方货币体系

最后，历史上和当前还有一系列基于非国家的"本地"或"社区"货币。在这些交易和支付系统中，货币由非国家和非银行主体发行。这些货币被称为"共同货币"（common tender）[41]，以区别于法定货币或合法货币，通常也被称为"补充货币"，表示它们与法定货币协同工作，而不是为了完全取代法定货币。它们通常特别注重履行货币的"交换媒介"功能，并制定了防止人们将货币作为保值手段囤积的规定。

最著名的例子来自大萧条时期，当时由于通货紧缩导致国家货币稀缺，美国和欧洲都发行了"印花凭证"（stamp scrip）货币，以支持企业和地方生产。[42]这一时期的幸存者之一是1934年创建的瑞士WIR信贷清算圈。这是一个相互信贷计划，WIR合作银行设立了信用额度，以瑞士法郎计价，但不能兑换成瑞士法郎。贷款只向会员发放，目前其会员已超过6万家企业，主要是中小企业，且只能在该中小企业网络内使用。2008年，WIR计价的贸易额达到15亿瑞士法郎。[43]对该体系的评估表明，由于企业多是在经济衰退时期使用该体系，它对瑞士经济起到了稳定和逆周期的作用。[44]在这种"相互信贷"系统中，信贷直接与相关个人或企业的生产能力或闲置能力挂钩，系统内的信贷由成员提供商品和服务作为抵押支撑。

技术的发展大大降低了补充货币涉及的交易费用。一些思想家提出，鼓励它们的发展可以增强金融体系的韧性。正如本书反复描述和分析的，当前的金融体系依赖国家垄断和基于债务的货币。[45]

7.7　理解货币和银行

本书提出的改革和替代方案对于进一步的研究和评估是一个有益的起点。我们希望，这个题目能推动受到启发的学生和学术界、公共政策甚至银行本身的研究人员进一步开展研究并发表论文或专著。本书的主要目的是说明当前的系统如何运作，因此是从一系列广泛接受的假设开始探究的。

本书作者揭示了货币体系的一个核心悖论，即本质上是由国家决定货币是什么，并为其价值背书，但货币的创造者却主要是商业银行。商业银行在决定谁获得信贷时，大致决定了信贷在经济体系中的使用方式；无论是在消费、购买现有资产还是生产性投资方面，银行的决策都发挥着至关重要的宏观经济作用。

许多人自然会反对这样的观点，即私人银行真的可以通过在分类账簿上增设一个科目来创造货币。经济学家加尔布雷思（J. K. Galbraith）提出了可能的原因：

> 银行创造货币的过程如此简单，以至于让人排斥。当涉及如此重要的事情时，一个更深的奥秘似乎才显得合情合理。[46]

本书已明确证实，并没有更深的奥秘。因此，我们的观点坚决不能被排斥，因为只有通过正确的分析和进一步的公开和政策辩论，我们才能共同解决更加重要和紧迫的问题，即我们目前的货币和银行系统是否最好地服务于公共利益，如果没有，应当如何改革。

附 录

附录1　中央银行的利率制度

1. 设定利率：需求驱动的央行货币

英格兰银行的货币政策委员会每月召开一次会议，根据通胀目标的达成情况设定利率。然而，此利率（称为政策利率）并非你我能从商业银行借款的利率。相反，其目标是影响银行间市场上互相借贷的利率［称为伦敦银行间同业拆借利率（LIBOR），见第4.3.1节专栏4.3］，并将反过来影响银行向客户提供的利率。

自2006年至2009年，英格兰银行的目标是通过走廊系统（the corridor system）来设定利率（见图A1）。在这一制度下，银行每月设定自己的准备金目标（计划持有的中央银行准备金数额，以支付所有款项），并通过买卖和回购协议从中央银行借入这些准备金（见第4.7节）。①

如果一家银行的准备金超出了目标水平，那么它可以在银行间

---

① "回购利率"（repo rate）是指银行从中央银行借出准备金的利率，被设定为与政策利率相等。这意味着，只要银行达到其准备金目标，那么银行持有准备金就不会产生成本，也不会对整个银行体系"征税"。[1]

市场出借给其他银行，或者存入英格兰银行，并按照存款利率获取利息。

如果一家银行需要额外的准备金，那么它可以在银行间市场购入，或者隔天向英格兰银行借入，并按照贷款利率支付利息。

存款利率略低于政策利率，贷款利率略高于政策利率。银行间利率不太可能降至存款利率以下，否则，银行将准备金存入央行可获得比出借给其他银行更高的利润。同样，一家银行从另一家银行借款的利率，也不太可能高于它们利用贷款便利从英格兰银行借款的利率。[2] 这就形成了前面提到的政策利率走廊。

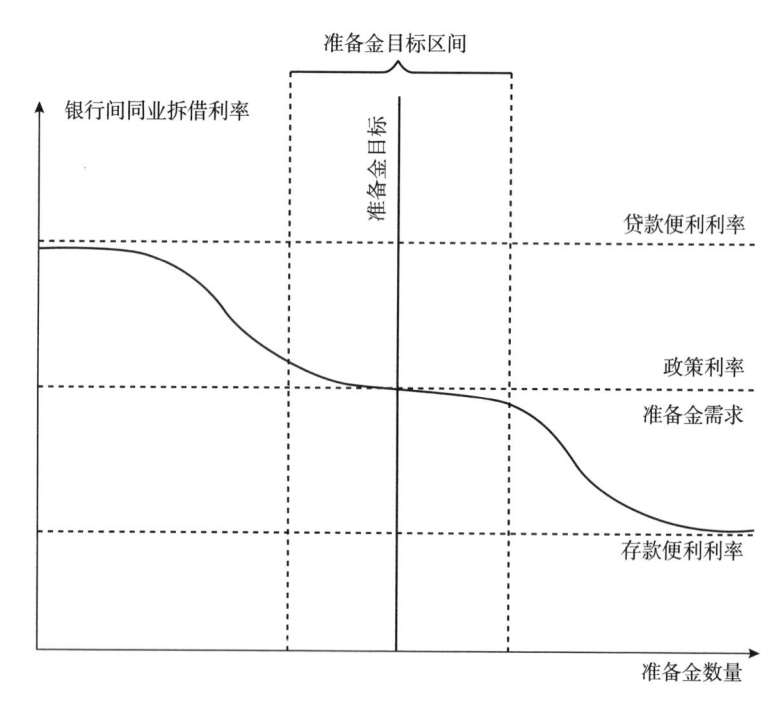

图 A1 准备金走廊系统[3]

如上所述，银行必须设定准备金目标。如果这个月的平均余额在所设目标的相对较小范围内，银行将会因此获得利息；在这个范围之外，超额的准备金将不会得到利息，而且准备金未能达到它们的目标，会受到惩罚，从而激励银行对流动性进行有效管理。[4]

　　经济学的学生也许会认为，这种对于英格兰银行如何设定利率的描述相当令人困惑；大多数教科书模型都提到中央银行通过公开市场操作来调整准备金数量，从而改变利率，实现中央银行准备金供给与需求的匹配。然而，正如英格兰银行副行长保罗·塔克所说："无论回顾过去还是现在，我们从不会简单地将其视为现实情况。"[5]

　　他进一步说道，在平均准备金计划（reserves averaging scheme）之下，

> 根据货币基础（投放）路径的规划，公开市场操作不会被用来注入准备金，也不会被直接用来调整基础货币的数量，以期短期利率达到理想水平。换句话说，基础货币不会被目标或者政策工具影响。相反，公开市场操作的作用是在整个时期内，维持满足系统准备金的目标水平。[6]

2. 设定利率：供给驱动的中央银行货币

　　在金融危机爆发后的2009年3月，走廊系统和目标准备金制度被暂停，转为最低额度制（floor system）。此前，英国货币政策委员会决定通过中央银行货币创造购买金融资产，也就是大家熟知的"量化宽松"（详见第4.7.3节）。在本书写作时，英格兰银行

已经创造了价值3 750亿英镑的中央银行准备金，并主要用于购买政府债券。

因此，银行系统现在持有的中央银行准备金已经远超之前设定的目标，而且这些准备金的利息是按政策利率支付的。由于这些超额准备金的存在，银行间市场相互拆借的需求大大降低，银行间利率与政策利率高度一致。于是，英国原来由需求驱动的中央银行货币系统（准备金目标制），近来转向由供给驱动的中央银行货币系统（最低额度制）（见图A2）。

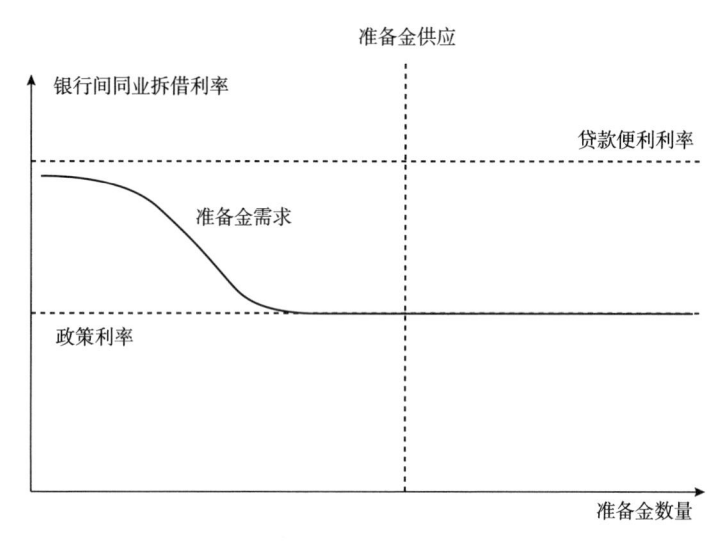

图A2 准备金最低额度制[7]

在最低额度制下，银行备有超额准备金。然而，正如第4.7节提到的，尚不清楚这是否对银行向客户的放贷产生了影响。自金融危机以来，银行的信心已被严重削弱。因此，决定银行放贷意愿和货币创造的，是银行的信心强弱，而非准备金水平。

附录2　政府银行账户

第6章研究了政府的借款、税收和支出（财政政策）。本附录更详细地概述了这一过程的运行原理，尤其关注英格兰银行的政府银行账户、私人部门银行账户和货币市场之间的资金流动（以及它们之间的会计关系），并讨论政府用来干预外汇市场的账户。

1. 统一基金

正如任何希望有货币收支的机构一样，政府同样也有银行账户。然而，不同于大多数组织，英国政府的主要银行账户开立在英格兰银行。其中最古老的账户就是统一基金（见图A3），成立于1787年，并作为"汇聚每项公共收入，并支撑每项公共服务支出的基金"。[8] 统一基金本质上是政府的经常账户，由英国财政部管理。英国税务海关总署（HMRC）征收的税款是统一基金账户的主要来源。[①] 但是，如

[①] 其他较小的现金流入包括统一基金额外收入（Consolidated Fund Extra Receipts, CFERs）和应急基金（the Contingencies Fund）的偿还资金。统一基金额外收入的一个例子是由发出罚款通知书的部门所收的罚款，该罚款并非由发出罚款通知书的部门保留。应急基金是用于提供未经议会批准的任何紧急支出或小额付款。

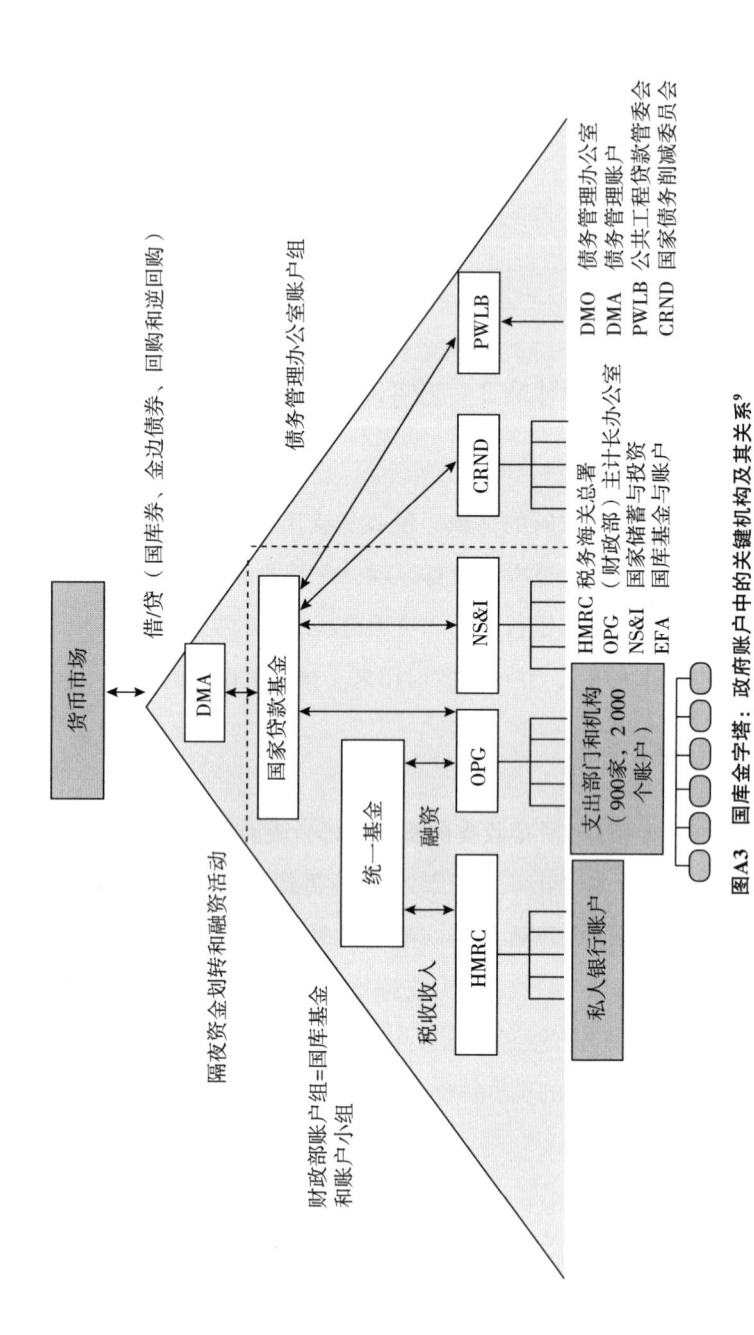

图A3 国库金字塔：政府账户中的关键机构及其关系[9]

图中标注：

- 货币市场
- 借贷（国库券、金边债券、回购和逆回购）
- 债务管理办公室账户组
- DMA
- 国家贷款基金
- 统一基金
- 融资
- HMRC
- OPG
- NS&I
- CRND
- PWLB
- 税收收入
- 私人银行账户
- 支出部门和机构（900家，2000个账户）
- 隔夜资金划转和融资活动
- 财政部账户组＝国库基金和账户小组

缩写说明：
- HMRC 税务海关总署
- OPG （财政部）主计长办公室
- NS&I 国家储蓄与投资
- EFA 国库基金与账户小组
- DMO 债务管理办公室
- DMA 债务管理账户
- PWLB 公共工程贷款管委会
- CRND 国家债务削减委员会

196 货币从哪里来？

果政府处于赤字状态，则支出流出超过税收流入。为达到收支平衡，差额必须通过政府借款来补足。

2. 国家贷款基金

国家贷款基金（National Loans Fund，NLF）与债务管理办公室（Debt Management Office，DMO）合作，代表统一基金借款，并每天向统一基金账户汇入资金，以帮助其实现账目平衡（见图A3）。

国家贷款基金成立于1968年，旨在将借贷活动与统一基金区分开，由英国财政部运营，在英格兰银行拥有自己的银行账户。国家贷款基金以各种方式为赤字提供资金：

①国家储蓄与投资（NS&I）账户的存款（其中不包括普通账户，是国家贷款基金的负债）。

②通过发行以英镑计价的政府债券（即金边债券和短期无息国库券），从货币市场借款。这些政府债券先被出售给债务管理账户，然后债务管理办公室从该账户中将它们出售给市场。

③将其他政府银行账户中未使用的资金余额转入。

④国家贷款基金也要接收英格兰银行发行部获得的所有利润。[10]发行部负责供应纸币。铸币税收益自然有盈利，因为制造纸币的成本只是其面值的一小部分（见第4.4节，专栏4.4）。

除了弥补统一基金的差额外，国家贷款基金也为债务管理账户（DMA）、外汇平准账户（EEA）提供资金（见附录3）。此外，国家贷款基金还向公共部门机构提供贷款，并向其他提供贷款的政府机构供应资金，例如公共工程贷款管委会（Public Works Loans Board）向地方当局提供贷款。

任何国家借款都要支付利息，利息也会随着时间的推移而增加。因此，国家贷款基金一个重要的支出是国债、国民储蓄和投资账户的利息支付。当国家贷款基金从贷款中获得的利息低于它必须支付的利息时（情况通常如此），通常会通过发行政府债券来弥补差额。

3. 债务管理账户

债务管理账户由债务管理办公室管理，是连接政府支出和政府借贷的链条上的最后一个环节。它位于图 A3 所示的国库金字塔的顶部，实际上是政府和批发金融市场（图 A3 中的"货币市场"）之间的关键门户。债务管理账户成立于1998年，旨在：

> 执行政府的债务管理政策，即在较长时期内尽量减少融资成本，并考虑风险因素，以最具成本效益的方式管理国库的总现金需求。[11]

与统一基金和国家贷款基金一样，债务管理账户也是设在英格兰银行的一个账户。与其他两个账户不同，它由英国财政部的一个执行机构（债务管理办公室）运营，而不是由财政部运营。

债务管理办公室使用各种工具与市场进行交易。其中的主要工具是金边债券和短期国库券（见第3章专栏3.1），通过销售从债务管理账户进入市场。最后，债务管理办公室还可以通过买卖和回购协议向市场借款，并通过反向买卖和回购协议向市场放贷。

债务管理办公室通过拍卖机制,在一级市场销售金边债券。[①] 2011 年和 2012 年,它们总共售出了 2 770 亿英镑的金边债券(见表 A1)。这些债券几乎完全卖给了它的"一级交易商"——金边市场做市商(GEMMs,见专栏 4.6 和专栏 A1)。[12]这些金边债券收到的资金被转移到债务管理账户,然后从债务管理账户转到国家贷款基金,再转到统一基金,最后由政府用于经济活动。

> **专栏 A1　做市商**
>
> 　　做市商是经纪交易商公司,它们为了促进证券的交易,愿意承担持有一定数量该证券的风险。每个做市商通过展示一定数量的证券的买卖报价来竞争客户订单。一旦接到订单,做市商立即从自己的库存中卖出或寻求抵销订单。这个过程只需要几秒钟,做市商通过买卖证券的差价获利。
>
> 　　在英国,金边市场做市商由政府授权来交易金边债券(国债)。目前英国有 20 家此类机构,且多为大型投资银行(完整名单详见 http://www.dmo.gov.uk/index.aspx?page=Gilts/Gemms_idb)。做市商在维持金融市场有效运行中发挥了重要作用,因为它们愿意为资产的买入和卖出报价。

[①] 传统的金边债券是按照"多重价格拍卖"(multiple price auctions),指数化的金边债券则是按照"统一价格拍卖"(uniform price auctions)来出售的。然而,债务管理办公室可以而且确实使用了其他方法销售金边债券。例如,在 2010—2011 年,债务管理办公室计划委任私人银行为代表,出售 292 亿英镑的金边债券(称为"联合投资"),并通过"迷你投标"出售 100 亿英镑的金边债券,以满足各种金边债券的紧急需求。债务管理办公室可以使用许多其他类型的拍卖来出售或购买金边债券,尽管它在 2010—2011 年并未有任何计划。[13]

金边债券一旦在一级市场被出售给做市商，也就可以在二级市场中被持有或者倒卖。二级市场之所以重要，是因为它使得以前流动性差的资产（有固定赎回日期的金边债券）具有了流动性。那些已购买金边债券但希望在赎回之前卖掉的人，也可以如此操作。相对于没有二级市场的情形而言，这提升了债券需求，并允许投资者持有流动性资产，且仍能从固定的还款日期中获益。此外，二级市场中金边债券的价格是由真实的供求关系决定的，而非一级市场要求的做市商随时按需买卖金边债券。[14]这种价格机制给投资者传递了重要信息，同时也会对一级市场产生影响。

正如我们所知，经由统一基金的政府开支，通常是由税收和借款提供资金的。在银行内部支付方面，这一过程与普通转账没有区别，如第4.3节所述。如果客户购买债券或纳税，资金就会通过中央银行准备金的转移，从他们的商业银行账户转移到政府在英格兰银行的账户。

在每个工作日结束时，英格兰银行国库金字塔（见图A3）中的任何公共资金都会被"扫入"国家贷款基金，国家贷款基金本身也被计入债务管理账户。债务管理办公室与英格兰银行达成协议，每天夜间持有一定的现金余额，以抵消任何迟到或计划外的资金流出。如果盈余超过目标余额，债务管理办公室将其投资于货币市场，直至有其他需求；如果没有达到目标，它就通过隔夜或长期货币市场借入差额。如果公共机构不将自己在商业银行的账户余额降至最低，将资金存入自己的国库账户，则每天政府未偿还借款净额都将显著增加，造成利息成本增加，财政状况恶化。[15]

2004年，英格兰银行宣布，将于2009年底停止提供零售银行服务，而专注于维持货币和财政稳定的核心目标。政府银行服务

(Government Banking Service)于 2008 年 5 月启动,合并了英国财政部主计长办公室(Office of HM Paymaster General),作为公共部门新的银行共享服务提供商。与苏格兰皇家银行和花旗银行签订了合同,取代了英国税务海关总署和国家储蓄与投资账户此前使用的七家银行服务提供商。合同涵盖的银行服务包括所有交易和账户管理功能,但货币本身仍归英格兰银行,因此被列入国库金字塔(见图 A3)。与商业银行的这种新安排,意味着公共机构无须重新投标后台服务,可以直接与银行在线互动。[16]

表 A1 2011—2012 年英国债务管理账户

2012 年 3 月 31 日	2012 年（百万英镑）	2011 年（百万英镑）
资产		
英格兰银行的现金和余额	794	868
对银行的贷款及放款	36 577	17 324
交易持有的证券	5 953	3 313
衍生金融工具	42	22
可供出售的投资证券		
用作出售和回购协议抵押品的英国政府金边证券	23 378	12 946
用作抵押品的英国政府金边证券	76 334	64 957
	99 712	77 903
其他英国政府金边证券	49 454	49 241
国库券	—	122 832
	149 166	249 976
其他资产	5 572	10
未包含全国贷款基金存款的总资产	198 104	271 513
全国贷款基金存款	34 067	30 546
总资产	232 171	302 059

(续表)

2012年3月31日	2012年 (百万英镑)	2011年 (百万英镑)
负债		
银行存款	20 013	10 988
政府客户欠款	47 194	51 040
衍生金融工具	38	53
发行国库券	75 937	63 574
其他负债	13	590
未包含国家贷款基金资金支持的总负债	143 195	126 245
从国家贷款基金预支	52 042	157 100
重估价准备	18 982	5 779
收入与支出账户	17 952	12 935
国家贷款基金资助总额	88 976	175 814
总负债	232 171	302 059

资料来源：英国债务管理办公室。[17]

4. 外汇平准账户

从历史上看，英国一直持有外汇储备，因此可以通过干预来调节英镑的汇率。然而，自1992年英国退出汇率机制以来，英国政府从未通过干预汇市来影响英镑汇率。不过，此后为支持外国货币，英国政府曾两次干预汇市。第一次发生在2000年9月，为防止欧元的进一步贬值，英国政府和其他七国集团国家进行了干预。第二次发生在2011年3月18日，为防止日元在2011年3月11日日本发生地震后进一步升值，当时英国政府和其他七国集团国家再次进行了干预。这两次干预都是由英格兰银行通过外汇平准账户实施的。[18]

除了为支持某种货币而进行干预外，持有外汇储备还有主要三个原因。

①作为预防措施,防止未来汇率政策发生更大幅度的变化或遭受意外冲击。

②为政府提供外币服务。

③根据国际货币基金组织成员的要求,用来买卖和持有特别提款权(SDRs)①。[19]

当然,外汇储备的持有也可由消费者和投资者共同决定:如果一个国家的出口创汇超过进口支出,外汇储备就会累积。通常,它们会被投资者用来为海外投资提供资金,但现实情况也不一定如此。以挪威为例,进口和资本外流不可能保持同步于石油出口带来的外汇积累,于是外汇储备不断增加。其中一个问题是,外汇收入不能直接用于国内支出,而只能用在境外或用于进口。

政府在外汇平准账户和国家贷款基金中持有外汇储备。外汇平准账户的储备包括黄金、外币资产和特别提款权(见表 A2 中的流动资产负债表)。

表 A2　2011 年 12 月外汇平准账户的资产及负债

	2012. 3. 31 (百万英镑)	2011. 3. 31 (百万英镑)
资产		
存放在中央银行的现金	1 496	1 512

---

① 特别提款权是由国际货币基金组织定义和维护的补充性外汇储备资产。它所代表的不是货币,而是国际货币基金组织成员认缴的货币,可以互相交换。国际货币基金组织对其的介绍可参阅 http://www.imf.org/external/np/exr/facts/sdr.HTM。

(续表)

	2012.3.31 （百万英镑）	2011.3.31 （百万英镑）
银行托收项目	884	672
国库券	593	488
债务证券	32 601	29 162
衍生金融资产	923	782
回购协议	3 710	2 102
持有的国际货币基金组织特别提款权	9 266	9 202
黄金	10 374	8 954
其他金融资产	105	254
总资产	**59 952**	**53 128**
负债		
银行存款	—	57
银行转账项目	864	597
债务证券：空头头寸	1 212	889
衍生金融负债	533	1 165
回购协议	3 904	3 223
其他金融负债	2	16
特别提款权分配	9 822	10 024
对国家贷款基金的负债	43 615	37 157
总负债	**59 952**	**53 128**

资料来源：英国财政部。[20]

国家贷款基金的储备包括国际货币基金组织的储备头寸（RTP）和向国际货币基金组织提供的双边贷款。[21]外汇平准账户是由外汇平准账户与国家贷款基金组织共同维持的英镑账户支撑的，由中央政府通过国家贷款基金提供资金。这允许国家贷款基金向外汇平准账户垫付资金，外汇平准账户也可向国家贷款基金偿还资金。[22]

不同于其他主要政府账户，外汇平准账户由英格兰银行管理，而非财政部。此外，除了金币和金条，外汇平准账户的外汇储备并非存放在英格兰银行，而是存放在四家银行的五个账户：其中两个是美元账户（纽约联邦储备银行和摩根大通银行），一个是欧元账户（明讯银行），另两个是日元账户（日本银行和摩根大通银行）。[23]

除了投资外汇资产来进行资产管理外①，英格兰银行还是财政部外汇债务管理的代理机构，其中包括发行以外币计价的债务（起源于国家贷款基金），为部分外汇储备提供资金。[24]

5. 英格兰银行的外汇储备

英格兰银行也拥有一部分属于自己的、规模较小的外汇储备，用来干预外汇市场，以支持其货币政策目标。[25] 自 2006 年 12 月以来，英格兰银行每年都通过发行中期证券（2007 年 3 月、2008 年、2009 年和 2010 年）筹集外汇储备。2011 年发行的是一笔 20 亿美元的三年期欧洲债券，票面利率为 1.375%，将于 2014 年 3 月 7 日到期。英格兰银行雇佣商业银行作为代理，在市场上销售债券。[26]

---

① 尽管可以投资其他资产，但主要是由美国、欧元区国家和日本政府发行或担保的债券、黄金和特别提款权。包括：由其他国家政府、超国家组织、特定政府和政府资助机构发行的证券；德国抵押债券（Pfandbriefe）（主要是 AAA 评级的德国银行债券）；外汇即期、远期和掉期交易；利率和货币互换；债券、利率及掉期期货；买卖合约及回购合约；远期利率协议；银行存款；信用等级较高的银行存款和存单；以及公司的商业票据和债券。[27]

附录3　外汇支付、交易与投机

1. 交易与投机

企业需要外汇服务在不同国家进行购买、出售和投资。一家美国汽车公司（比如通用汽车）在英国拥有一家工厂，就需要将美元兑换成英镑，反之亦然。然而，这就造成了一个问题——如果汇率波动，那么汽车公司在达成协议时，可能很难知道它承担的成本（以美元计算）。

汽车公司可以通过一种被称为"对冲"的程序，来保护自己免受货币风险的影响。外汇市场上，最常见的两种对冲形式是远期合约和期权。远期合约可使通用汽车锁定当前汇率，因此无论年底时汇率如何变化，都可以按照合同约定的汇率将英镑兑换成美元（比如1英镑=1.5美元）。期权合约与此类似，但它们赋予汽车公司的是以合约规定的汇率兑换货币的权利，而非义务。尽管对冲能够降低汇率波动带来的风险，但汽车公司可能会发现，自己的处境比未签订远期合同时更糟糕。例如，如果在兑换货币的时候，汇率是1英镑=1美元，那么汽车公司就可以用1 000万美元来支付工人的工资，而不是1英镑=1.5美元时所需的1 500万美元，即损失500万美元。

现在让我们设想一下汽车公司可能与之签订远期合同的对象。一种可能是，一家英国企业希望在年底以美元支付，但也担心汇率风险。另一种可能是希望押注汇率波动结果的投机者。例如，投机者可能与汽车公司签订合同，同意明年以1 000万英镑的价格获得1 500万美元，即汇率为1英镑=1.5美元。如果汇率不变，那么投机者既不会从汇率中获利，也不会有损失。然而，如果交割当天的汇率是1英镑兑1美元，投机者可以从英国银行借1 000万英镑，与汽车公司交换1 500万美元，然后将1 500万美元兑换回英镑。在1英镑=1美元的汇率下，投机者最终得到1 500万英镑，即获得500万英镑利润。然而，如果汇率反过来，投机者就会蒙受损失。

> **专栏A2　外汇工具**
>
> 外汇交易可分为几个部分：即期交易、三种不同类型的"普通衍生品"[远期、掉期（包括外汇掉期和外汇利率掉期）和期权]以及其他外汇（forex）产品。
>
> 即期交易：即期交易是最广为人知的外汇交易，是指两种货币按合同日期约定的汇率兑换，并在两个工作日内（以电子方式）交付。平均来看，2010年即期合约日交易量为1.49万亿美元。
>
> 远期：远期类似于即期。然而，与即期交易不同的是，货币是在合约达成后两个工作日后交割的。这允许参与者为未来的交易"锁定"汇率，从而消除汇率波动的不确定性。平均来看，2010年远期合约日交易量为4 750亿美元。
>
> 外汇掉期：外汇掉期允许在特定的日期、以固定的汇率兑换两种货币，然后在一个未来的日期，通常以不同的汇率逆转

> 掉期。一般来说，这是一种即期交易与远期交易的反向组合（例如先卖出 10 万瑞士法郎，买入欧元现货；后买入 10 万瑞士法郎，30 天后以欧元卖出）。2010 年，外汇掉期平均每天的交易额为 1.765 万亿美元。
>
> 外汇利率掉期：利率掉期允许交易对手在一段时间内，以预先商定的到期汇率交换利息支付。2010 年，利率掉期平均每天的交易额达到 430 亿美元。
>
> 期权：货币期权赋予持有者在一定时期内、以特定价格购买或出售外币的权利（也可不必行使）。2010 年，期权及相关外汇产品的日交易量平均为 2 070 亿美元。

2. 外汇支付体系

只有最大型的公司才能直接参与外汇市场。一般来说，它们的银行会根据指令代表它们进行货币兑换。那么，银行如何将一种货币兑换成另一种货币呢？显然，它们不会在世界各地发送成捆的现金。于是，外汇交易出现了六种不同的电子结算方式：

①传统代理银行；
②双边净额结算；
③持续联系结算银行（CLS Bank）；
④我方承担结算风险；
⑤我方不承担结算风险；
⑥其他同步交收系统。

不同方法下的交易相对数量如图 A4 所示，我们将在后面进一步讨论。

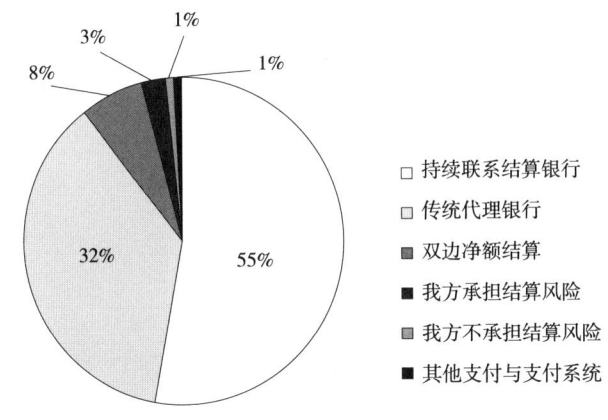

图 A4　按各种方式结算的每日外币金额（2006 年）
资料来源：国际清算银行。[28]

（1）传统代理银行

顾名思义，传统代理银行是一种传统的外汇交易结算方式，也被称为非同步交收结算（non-payment versus payment settlement），或 non-PVP 方法。2006 年，使用这种方法结算的外汇交易占总交易量的 32%，即平均每天 1.244 万亿美元（见图 A4）。这一比例低于 1997 年的占比 87%。[29] 要理解传统代理银行业务为何衰落，我们必须首先了解它是如何运作的。

假设苏格兰皇家银行与汇丰银行进行即期交易，将日元兑换为美元。此外，假设交易双方都无法进入美国或者日本的支付系统，即双方在美国中央银行美联储或者日本银行均没有账户。而汇丰银行在一家日本的银行有一个可以进入日本支付系统的银行账户，且在一家美国的银行有一个可以进入美国支付系统的账户，这些银行即汇丰银行的代理银行。苏格兰皇家银行同样在美国和日本也有代理银行（见图 A5）。

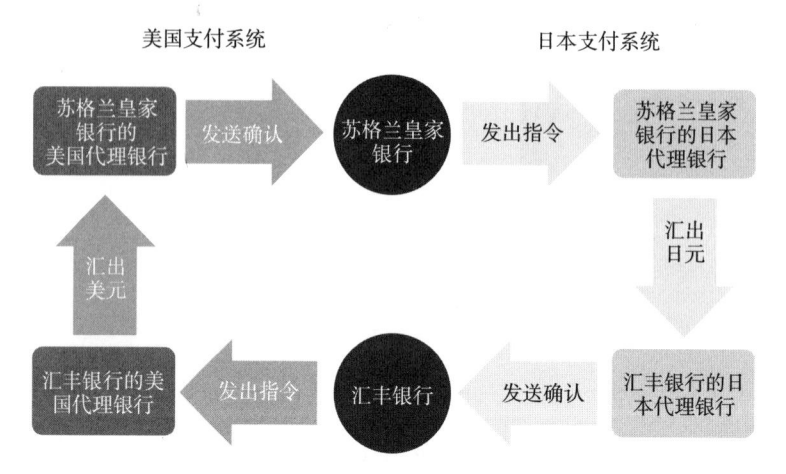

图 A5　借助代理银行的外汇交易

在双方达成交易后，苏格兰皇家银行向其日本代理银行发出指令，要求将日元汇给该行在日本的代理银行。日本代理银行执行这一指令，将其持有的账户记入借方，并通过日本支付系统，将日元汇给汇丰银行的日本代理银行。在汇丰银行的日本代理银行收到这些资金后，将其记入汇丰银行的账户，并通知汇丰银行资金已到账。

与此同时，汇丰银行通过类似的程序结算其在美国的业务，向其在美国的代理银行发出指令，将美元汇给苏格兰皇家银行的美国代理银行。[30]

使用传统的代理银行来结算外汇交易存在较大风险，其中有一种就是赫斯塔特风险（Herstatt risk），是一种结算风险。赫斯塔特风险是指外汇交易的一方支付了卖出的货币，但没有收到买入的货币。其命名源于赫斯塔特银行，该银行由于缺乏收入和资本来偿还到期债务，于1974年6月26日被德国监管机构强制清算。在关闭之前，赫斯塔特银行已经收到了以德国马克支付的付款，原计划在美国支付系统开放时用来兑换美元（这些钱将由赫斯塔特银行的美国代理银行支付）。然而，在美国的支付系统开放之前，这家银行就倒闭了，因此这些美元并未被汇出。可见，赫斯塔特风险的发生，主要是由于在不同的支付系统中，协调两种货币的支付时间存在问题。

（2）双边净额结算

双边净额结算是传统代理银行业务的一种变体，有助于限制结算风险和信贷风险。与结算两家银行之间所有支付的总额不同，净额结算允许银行相互抵消交易，这样，每家机构只需支付或接收净金额的货币数量。在约定的时间期限（通常为一天）结束时，每笔交易中一方将用另一方净负债的货币（外币）向对方支付一笔款项，并以其净信贷的货币（本币）收取款项。当交易双方定期或计划进行外汇交易时，这个办法最有用。[31]

（3）同步交收系统：以CLS（持续联系结算）银行为例

传统代理银行（非同步交收）衰落的主要原因是同步交收支付（PVP）系统的出现，如CLS银行。同步交收系统通过确保在任何一家银行收到付款之前，双方都已将款项存入第三方账户，从而消除赫斯塔特风险。

CLS银行于2002年由70家世界领先的金融服务机构组建成立，此后成为全球最大的外汇结算系统。按价值计算，2010年它在全球外汇交易活动中占据了58%的市场份额（高于2006年的55%）。然而，CLS银行当前仅以17种货币结算①——因为这些货

---

① 这些货币为：美元、欧元、英镑、日元、瑞士法郎、加拿大元、澳元、瑞典克朗、丹麦克朗、挪威克朗、新加坡元、港币、新西兰元、韩元、南非兰特、以色列新谢克尔和墨西哥比索。

币占据68%的市场份额。[32] CLS银行的创立主要是为了消除赫斯塔特风险,通过使用同步交收系统来实现,同时为外汇交易的双方进行结算。

CLS的工作方式与传统的代理银行类似,但需要一个额外的步骤。[33,34] CLS要想发挥作用,每个CLS成员必须在CLS银行拥有一个单一的多币种账户,而且CLS必须在其提供货币结算服务的17家央行中分别拥有一个账户。在英国,CLS银行是交换银行自动收付系统(CHAPS)的成员,因此CLS国际银行在英格兰银行的实时全额结算系统(RTGS)中有一个结算账户(见第4.6节,专栏4.5)。[35]

在苏格兰皇家银行和汇丰银行达成交易后,苏格兰皇家银行向其在日本的代理银行发出指令,要求后者将日元汇入汇丰银行的CLS账户。其日本代理银行执行指令,将其记入苏格兰皇家银行账户的借方,并通过日本支付系统将日元汇入汇丰银行的CLS账户。与此同时,汇丰银行也通过类似的程序结算自己的交易头寸,即指示其美国代理银行,将美元汇入苏格兰皇家银行的CLS账户。

一旦CLS收到苏格兰皇家银行在日本银行的日元储备账户上的日元付款,以及汇丰银行在美联储储备账户上的美元付款,CLS就会向苏格兰皇家银行的美国代理银行汇出美元、向汇丰银行的美国代理银行汇出日元,从而完成交易。因为CLS需等待收到苏格兰皇家银行的日元和汇丰银行的美元资金后,才会完成对外支付,赫斯塔特风险因此得以消除。

如果任何一方未能付款给CLS,那么CLS可以简单地将已支付的金额退还给银行。不过也许没有必要,因为CLS银行也已承诺向主要银行提供每种结算货币的备用信贷额度。因此,在图A5中,如果苏格兰皇家银行不能支付日元（例如由于流动性缺乏），CLS可以简单地将汇丰银行的美元在日本的备用银行兑换成日元，然后将日元交给汇丰银行。这样不仅消除了赫斯塔特风险，而且降低了流动性风险（尽管由于备用银行的信贷额度有限，这种风险并没有被消除）。[36]

这是简化版的例子。事实上，银行每天都要提交大量的支付指令，但最重要的是，所有的支付指令必须在中欧时间（CET）早上6：30之前被CLS接收（见表A3）。通过要求银行在付款前提交付款指令，CLS可以相互抵消这些金额。例如，一家银行可能与不同的交易对手方安排了多笔外汇交易，因此向CLS提交了总额为2 000万英镑的支付指令。然而，由于另一套外汇交易，该公司计划接收总计1 900万英镑的支付。于是，通过在"多边净额结算"基础上确定每家银行的融资要求，银行只需支付100万英镑。而实际上节省的钱要多得多。每结算1万亿美元的价值，只需要500亿美元的流动资金，从而减少了95%的资金需求。此外，净额结算也减少了99.75%的支付，不论支付金额多少，平均每天只有26笔支付。[37]

（4）我方承担/不承担结算风险

我方承担结算风险，是指交易双边都在单一机构的账簿上进行外汇结算。这就要求银行必须成为两国货币支付体系的成员。因此，它不需要任何银行间的资金流动，因为银行只是借记和贷记每个国家的相关账户。有以下两种形式：

1. 无结算风险：将货币贷记到卖出账户，并以从买入账户借记货币为条件，例如，买入、卖出账户同时贷记、借记。

2. 存在结算风险：将货币贷记到卖出账户，不以从买入账户借记货币为条件。因为相关实时全额结算系统并非同时开放，所以

附 录 213

交易的一方必须首先支付。[38]

表 A3　CLS 银行运行时间表

指令的持续提交	结算周期	付款（收入或支出程序）
截至中欧时间 6：30	中欧时间 7：00 - 9：00	中欧时间 9：00 - 12：00
	有一个 5 小时的融入和结算资金的窗口期，此时相关的 RTGS 系统都是开放的，且都可以进行资金的汇出和接受。	

指令接收	付款与结算	执行	付款（收入或支出程序）
结算成员直接向 CLS 系统提交指令进行匹配，可于每个结算日的中欧时间 6：30 前提交。*	结算成员按照中欧时间 6：30 将资金净额存入 CLS 在相关央行的银行账户。	中欧时间 7：00 至 9：00，CLS 银行不断从结算成员那里获得资金，来处理其账簿上的指令，并向结算成员支付资金，直到结算完成。不能立即解决的指令，将重新排队并不断地再次访问。	此付款程序中，亚太货币支付一直持续到中欧时间 10：00，欧洲和北美货币截止到 12：00。
每位结算成员于中欧时间 6：30 收到当天的最终净支付入账安排。	CLS 银行将每对匹配的支付指令分别处理。付款与结算程序开始于中欧时间 7：00。	结算通常于中欧时间 8：30 之前完成。	在中欧时间 9：00 至 12：00，完成了收入和支付。所有资金将在 12：00 前向符合条件的结算成员支付，以确保有效使用流动性。

CLS 操作时间表只适用于 CLS 结算成员。根据与各自结算成员的商定，使用该结算系统的成员用户和第三方可以通过不同的支付时间表进行操作。

注：* 受到认同的一种最佳做法，是在中欧时间 00：00 之后，从 CLS 银行复制当天的指令，并在外部进行处理。更多资料请参阅 http：//www.cls-group.com/Publications/CLS%20Us.pdf/。

（5）其他同步交收结算方式

CLS 银行并非唯一的同步交收系统。中国香港有本地实时全额结算系统，以港元、美元和欧元计算。2000年9月，港元与美元结算系统联网。随后，在2003年4月，欧元结算系统与港元、美元系统联网。2006年11月，该系统最终与马来西亚林吉特实时全额结算系统联网。

该系统通过以下方式运行：外汇交易双方只需向RTGS系统提交付款指令，使用代码向RTGS系统确定其付款用于PVP结算。一旦两种指令相互匹配，资金即可用于结算，两个RTGS系统将同时各自支付，从而消除赫斯塔特风险。

注　释

第 1 章

1 McKenna, R. (1928). *Postwar Banking Policy,* p. 93. London: W. Heinemann.
2 Keynes, J. M. (1930). *Preface to A Treatise on Money,* 3 Volumes, pp. vi-vii.

第 2 章

1 Defoe, D. (1690). Essay on Projects (London), quoted in Davies, G. (2002). *A History of Money.* Wales: University of Wales Press, p. 251.
2 Schumpeter, J. (1994/1954). *History of Economic Analysis.* London: Allen & Union, p. 1114. Quoted in Werner, R. (2005). *New Paradigm in Macroeconomics.* Basingstoke: Palgrave Macmillan, p. 189.
3 ESCP Europe/Cobden Centre (June 2010). *Public attitudes to banking.* Retrievable from http://www.cobdencentre.org.
4 *Ibid.*
5 Adapted from Werner, R. A. (2005). *New Paradigm in Macroeconomics.* Basingstoke: Palgrave Macmillan, p. 150.
6 Independent Commission on Banking (2010). *Issues Paper: Call for Evidence,* pp. 144–145, Retrievable from http://bankingcommission.independent.gov.uk/wp-content/uploads/2010/07/Issues_Paper-24-September-2010.pdf.
7 Extract from the Royal Mint website. Retrievable from http://www.royalmint.com/corporate/policies/legal tender guidelines.aspx [accessed 9 August 2011].
8 Werner, R. A. (2009). *Can credit unions create credit? An Analytical Evaluation of a Potential Obstacle to the Growth of Credit Unions.* Southampton: Centre for Banking, Finance and Sustainable Development, Discussion Paper Series, No. 2/09, p. 5.
9 See Association of British Credit Unions Limited, *Legislative Reform Order re-laid*

in Parliament, retrievable from http://www.abcul.org/media-and-research/news/view/151.

10 King, M. (1994). The transition mechanism of monetary policy. *Bank of England Quarterly Bulletin*, August 1994, p. 264. Retrievable from http://www.bankofengland.co.uk/publications/quarterlybufietin/qb940301.pdf

11 Berry, S., Harrison, R., Thomas, R., de Weymarn, I. (2007). Interpreting movements in Broad Money. *Bank of England Quarterly Bulletin 2007* Q3, p. 377. Retrievable from http://www.bankofengland.co.uk/publication;/quarterlybulletin/qb070302.pdf.

12 Burgess, S., Janssen, N. (2007). Proposals to modify the measurement of broad money in the United Kingdom: A user-consultation. *Bank of England Quarterly Bulletin 2007* Q3, p. 402. Retrievable from http://www.bankofengland.co.uk/publications/quarterlybulletin/qb070304.pdf.

13 Berry et al. (2007). *op. cit.* p. 378.

14 Tucker, P. (2008). Money and Credit: Banking and the macroeconomy, speech given at the monetary policy and markets conference, 13 December 2007, *Bank of England Quarterly Bulletin 2008*, Q1, pp. 96–106. Retrievable from http://www.bankofengland.co.uk/publications/speeches/2007/speech331.pdf.

15 Towers, G. (1939). *Minutes of Proceedings and Evidence Respecting the Bank of Canada (1939)*. Committee on Banking and Commerce, Ottawa. Government Printing Bureau, quoted in Rowbotham, M. (1998). *The Grip of Death*. Oxford: John Carpenter Publishing, p. 12.

16 ECB (2000). *Domestic payments in Euroland: commercial and central bank money.* Speech by Tommaso Padoa-Schioppa, Member of the Executive Board of the European central bank, at the European Commission Round-Table *Establishing a Single Payment Area: State of Play and Next Steps, Brussels*, 9 November 2000, quoted in Werner, R., (2009). *op. cit.*, p. 5.

17 Nichols, D. M. (1992/1961). *Modern Money Mechanics: A workbook on Bank Reserves and Deposit Expansion.* Chicago: Federal Reserve Bank of Chicago. Retrievable from http://www.archive.org/stream/ModernMoneyMechanics/MMM-page/nl/mode/2up.

18 Bundesbank (2009). *Geld und Geldpolitik*, as cited and translated by Werner, R. A. (2009). Topics in Monetary Economics, Lecture Slides for Master in Money and

Finance. Frankfurt: Goethe University.
19 Phillips, C. A. (1920). *Bank Credit*. New York: Macmillan.
20 Nicols. (1992/1961). *Modern Money Mechanics: A workbook on Bank Reserves and Deposit Expansion*. Chicago: Federal Reserve Bank of Chicago. Retrievable from http://www. archive. org/stream/ModernMoneyMechanics/MMM # page/nl/mode/2up[accessed 29 April 2011].
21 Werner, R. A. (2005). *op. cit.*, p. 175.
22 Tucker, P. (2007). *op. cit.*
23 Financial Services Authority, October 2009, PS09/16: Strengthening liquidity standards including feedback on CP08/22, CP09/13, CP09/14. Retrievable from http://www. fsa. gov. uk/pages/Library/Policy/Policy/2009/09 16. shtml [accessed 14 May 2011].
24 Werner, R. A. (2005). *op. cit.*
25 For a similar visual approach to describing money see: Credit Suisse (5 May 2009). *Market Focus-Long Shadows: Collateral Money, Asset Bubbles and Inflation*, p. 7.
26 Bank of England interactive database: "Quarterly 12 month growth rate of M4 lending excluding securitisations (monetary financial institutions sterling net lending excluding securitisations to the private sector), seasonally adjusted", code LPQVWVP; retrievable from http://www. bankofengland. co. uk/boeapps/iadb/FromShowColumns. asp?Travel = NIxSSx&SearchText = LPOVWVP&POINT. x = 12&POINT. y = 9 [accessed 28th September 2012].
27 Bank of England interactive database: "Monthly average amounts of outstanding (on Wednesdays) of Bank of England Banking Department sterling reserve balance liabilities (in sterling millions), not seasonally adjusted"; code LPMBL22, available online at http://www. bankofengland. co. uk/boeapps/iadb/FromShowColumns. asp?Travel = NIxSSx&SearchText = LPMBL22&POINT. x = 8&POINT. y = 12 [accessed 28th September 2012].
28 Werner, R. A. (1992). *A Quantity Theory of Credit*. University of Oxford, Institute of Economics and Statistics, mimeo.
29 Werner, R. A. (1993). Japanese Capital Flows: Did the World Suffer from Yen Illusion? Towards a Quantity Theory of Disaggregated Credit. Paper presented at the *Annual Conference of the Royal Economic Society*, London.

第3章

1 Simmel, G. (2004/1907). *The Philosophy of Money,* 3rd Edition. London: Routledge, p. 148.

2 Ferguson, N. (2008). *The Ascent of Money: A Financial History of the World.* London: Penguin, p. 31.

3 Davies, G. (2002). *A History of Money.* Cardiff: University of Wales Press, p. 27.

4 Kaminsky, G. L. (2003). *Varieties of Currency Crises, National Bureau of Economic Research,* Working Paper 10193. Retrievable from http://www.nber.org/papers/w10193.

5 Jevons, W. S. (1896/1875). *Money and the Mechanism of Exchange.* New York: Appleton and Company.

6 Goodhart, C. A. E. (1998). The two concepts of money: implications for the analysis of optimal currency areas. *European Journal of Political Economy* 14: 407 – 432.

7 Smithin, J. (2000). Introduction in *What is Money?* London and New York, Routledge, pp. 1 – 16.

8 Ingham, G. (ed.) (2005). *Concepts of Money: Interdisciplinary Perspectives from Economics, Sociology and Political Science.* London: Edward Elgar.

9 Mill, J. S. (1871). *Principles of Political Economy,* p. 341.

10 Menger, C. (1892). On the Origins of Money. *Economic Journal* 2: 239 – 255.

11 Jevons (1896/1875). *op. cit.*

12 Radford, R. A. (1945). The Economic Organisation of a POW Camp. *Econometrica,* Volume 12.

13 Schumpeter (1994/1954). *History of Economic Analysis.* London: Allen & Union, p. 277.

14 Walras, L. (1954/1874). *Elements of Pure Economics.* London: Allen & Unwin.

15 Pigou, A. C. (1949). *The Veil of Money.* London: Macmillan.

16 Marshall, A. (1996/1899). Evidence to the Indian Currency Committee in Marshall, A. (n. d.). *Correspondence of Alfred Marshall, Economist,* Volume II, 1891 – 1902 at the Summit. Cambridge: Cambridge University Press.

17 Pigou (1949). *op. cit.*

18 Sidrauski, M. (1967). Rational choice and patterns of growth in a monetary economy. Retrievable from http://en.wikipedia.org/wiki/American Economic Review

American Economic Review 57 (2): 534 – 544.
19 Fisher, I. (1911). *The Purchasing Power of Money*. New York: Macmillan.
20 Clower, R. (1967). A reconsideration of the microfoundations of money. *Western Economics Journal*. Retrievable from http://www.carlostrub.ch/sites/default/files/ Clower 1967. pdf, in Walker D. (ed.). *Money and Markets*, Cambridge: Cambridge University Press, pp. 81 – 99.
21 Hahn, F. (1965). On some problems of proving the existence of an equilibrium in a monetary economy, in Hahn, F, Brechling, FP. R. (eds). *Theory of Interest Rates*. London: Macmillan.
22 Lapavitsas, C. (2005). The emergence of money in commodity exchange, or money as monopolist of the ability to buy. *Review of Political Economy* 17 (4): 549 – 569.
23 Marx, K. (1976/1867). *Capital, Volume* 1, Harmondsworth: Penguin.
24 Werner, R. A. (2005). *New Paradigm in Macroeconomics*. Basingstoke: Palgrave Macmillan. pp. 20 – 24.
25 Mauss, M. (1966). *The Gift*, London: Cohen & West.
26 Humphrey, C. (1985). Barter and Economic Disintegration *Man*, 20 (March): 48 – 72, p. 56.
27 Minsky, H. P. (2008/1986). *Stabilizing an Unstable Economy*. Yale: McGrawhill, pp. 159 – 160.
28 Dodd, N. (1994). *The Sociology of Money*, Cambridge: Polity Press, p. 12.
29 Keynes, J. M. (2008/1936). *The General Theory of Employment, Interest and Money*. BN Publishing.
30 Werner (2005). *op. cit.* pp. 17 – 18.
31 Keynes, J. K. (1930). *A Treatise on Money: Volume 1A Pure Theory of Money*, Chapter 1.
32 Goodhart, C. A. E. (1998). The two concepts of money: implications for the analysis of optimal currency areas. *European Journal of Political Economy* 14.
33 Smithin, J. (2000). Introduction in *What is money?* London: Routledge, pp. 1 – 16.
34 Ingham, G. (2004). *The Nature of Money*. Cambridge: Polity Press.
35 Leyshon, A., Thrift, N. (1997). *Money/Space: Geographies of Monetary Transformation*, Routledge: London.
36 Mellor, M. (2010). *The Future of Money: From Financial Crisis to Public Resource*, Chapter 1. London: Pluto.

37 Davies (2002). *A History of Money*. Cardiff: University of Wales Press, pp. 50 – 55.
38 *Ibid*. pp. 50 – 1 quoting from Orsingher, R. (1964). *Banks of the World: A History and Analysis*. Paris: viii.
39 Davies (2002). *op . cit.* p. 50.
40 Innes, A. M. (1913). What is Money? *Banking Law and Journal* May: 377 – 408.
41 Davies (2002). *op. cit.*, p. 663.
42 Wray, L. R. (1998). *Understanding Modern Money: The Key to Full Employment and Price Stability*, Chapter 3. Cheltenham: Edward Elgar p. 43.
43 Grierson, P. (1977). *The Origins of Money*. London: Athlone Press, pp. 19 – 21.
44 Wikipedia (n. d.). Retrievable from http://en.wikipedia.org/wiki/Wergeld.
45 Greirson (1977). *op. cit.* p. 43.
46 Innes (1913). *op. cit.*
47 Wray (1998). *op. cit.* Chapter 3.
48 Innes (1913). *op. cit.* p. 398.
49 Mosier, W. (2010). *Seven Deadly Innocent Frauds of Economic Policy*. Valance Co. Inc., p. 18.
50 Knapp, G. E. (1905). *The State Theory of Money*. London: Macmillan.
51 Innes (1913). *op. cit.*
52 Eladio, F. (2009). Three difficulties with neo-chartalism, *Journal of Post-Keynesian Economics* 31 (3): 523 – 541. Retrievable from http://www.ucm.es/infb/ec/ecocri/cas/Febrero.pdf.
53 Davies (2002). *op. cit.* pp. 203 – 8. quoted in Ingham (2004). *op. cit.* p. 123.
54 Ferguson (2008). *op. cit.*, p. 31.
55 See Ingham (2004). *op. cit.* pp. 107 – 33 for a guide to developments at a European level and Davies (2004). *op. cit.* pp. 238 – 83 for a British focus. See Werner, R. A., (2005). *op. cit.* Chapter 12, for an overview of the history of banking and its implications.
56 Wray (1998). *op. cit.* pp, 57 – 61.
57 Tolstoy, L. (1904). *What Shall We Do Then? On the Moscow Census Collected Articles*. London: J. M. Dent&Co.
58 Zelizer, V. (1997/1994). *The Social Meaning of Money: Pin Money, Paychecks, Poor Relief and Other Currencies*. New Jersey: Princeton University Press, p. 17.
59 Carruthers, B. G. (1996). *City of Capital*. Princeton: Princeton University Press,

p. 62.
60 Davies (2004). *op. cit.* p. 249.
61 *Ibid.* p. 251.
62 *Ibid.* p. 252.
63 Werner (2005). *op. cit.* Chapter 12.
64 Percy R. (1824). *Interesting Memorials of its Rise, Progress, & Present State, Volume 3* (Google eBook).
65 Ferguson (2008). *op. cit.* pp. 43 – 4.
66 Withers, H. (1909). *The Meaning of Money.* London, p. 20.
67 Rothbard, M. (1974). *The Case for a 100 Percent Gold Dollar.* Washington, DC: Libertarian Review Press; Huerta de Soto (2006/1998). *op. cit.*
68 Marx, K. (1894). *Capital,* Volume III, part V, Chapter 29. Retrievable from http://www.marxists.org/archive/marx/iJorks/1894-c3/ch29.htm [accessed 10 April 2011].
69 Huerta de Soto, J. (2006/1998). *Money, Bank Credit, and Economic Cycles,* translated from the Spanish by Stroup, M. A., Alabama: Ludvig von Mises Institute., Chapter 2, pp 37 – 111.
70 Grignon, P. (n. d.). Money as Debt. Retrievable from http://video.google.com/videoplay?docid = -2550156453790090544.
71 Werner (2005). *op. cit.* p. 168.
72 El Diwany, T. (2003). *The Problem with Interest,* 2nd Edition. London: Kerotac, pp. 8 – 10.
73 Pettifor, A. (2006) *The Coming First World Debt Crisis,* Basingstoke: Palgrave Macmillan. Chapter 5, pp. 120 – 144.
74 Davies (2004). *op. cit.* p. 252.
75 Ferguson (2008). *op. cit.* pp. 165 – 18.
76 Ingham (2004). *op. cit.* p. 129.
77 Carruthers, B. G. (1996). *City of Capital.* Princeton: Princeton University Press, pp. 71 – 83.
78 Shaxson, N. (2010). *Treasure Islands: Tax Havens and the Men Who Stole the World.* London: Random House.
79 Carruthers (1996) *op. cit.*, p. 130.
80 *Ibid.*

81 Ferguson (2008). *op. cit.* Chapter 2.

82 Pressnell, L. S. (1956). *Country Banking in the Industrial Revolution.* Oxford: University Press / Clarendon Press.

83 Davies (2005). *op. cit.* pp. 286 – 92.

84 *Ibid.* p. 311.

85 Galbraith (1975). op. cit. pp. 48 – 9.

86 *Ibid.*

87 Retrievable from http://en. wikipedia. org/wiki/Bank Charter Act 1844.

88 Bagehot, W. (1876). *Lombard Street: A Description of the Money Market,* New York: Scribner, Armstrong and Co. , p. 25.

89 Werner (2005). *op. cit.* p. 179.

90 Cobbett, W. (1828). *Paper Against Gold,* p. 5, quoted in El Diwany (2003). op. cit.

91 Davies (2005). *op. cit.* p. 321.

92 Nichols (1992/1961). *op. cit.* p. 3.

93 Davies (2005). *op. cit.* p. 372.

94 Remarks by Governor Ben S. Bernanke at the H. Parker Willis Lecture in Economic Policy, Washington and Lee University, Lexington, Virginia, 2 March 2004.

95 Eichengreen, B. J. (2008). *Globalizing capital: a history of the international monetary system.* Princeton University Press; 2nd edition, p. 82.

96 Eichengreen, B. J. , Sachs, J. (1985). Exchange Rates and Economic Recovery in the 1930s. *Journal of Economic History* 45: 925 – 946.

97 Choudhri, E. , Kochin, L. A. (1980). The Exchange Rate and the International Transmission of Business Cycle Disturbances: Some Evidence from the Great Depression. *Journal of Money, Credit, and Banking* 12: 565 – 574.

98 Davies, R. , Richardson, P. , Katinatire, V. (2010). Evolution of the UK Banking System. *Bank of England Quarterly Bulletin* 4: 321 – 332.

99 Croome, D. R. , Johnson, G. J. (eds) (1970). *Money in Britain 1959 – 69: The papers of the "Radcliffe report-ten years after" conference at Hove, Sussex,* October 1969. London: Oxford University Press, p. 225.

100 Bank of England interactive database, M4 (code LPQAUYN), Central Bank Reserves (code LPMBL22), notes and coin (code LPMAVAB). Retrievable from http://www. bankofengland. co. uk/boeapps/iadb/newintermed. asp.

101 Davies (2005), *op. cit.* p. 408.

102 Davies, R., Richardson, R. (2010). Evolution of the UK Banking System. *Bank of England Quarterly Bulletin* 4: 321 – 332. Retrievable from http://www.bankofengland.co.uk/publications/quarteiiybulletin/qbl004.pdf.

103 Reid, M. (1978). The secondary banking crisis-five years on. *The Banker* 128 (634): 21 – 30.

104 Davies (2005). *op. cit.* p. 409.

105 Pettifor (2006). *op. cit.* p. 62.

106 Monetary Policy Committee and Bank of England (1999). The Transmission mechanism of monetary policy, *Bank of England*. Retrievable from http://www.bankofengland.co.uk/.

107 *Ibid.*

108 Davies (2005). *op. cit.* p. 414.

109 Pettifor (2006). *op. cit.* p. 62.

110 Werner (2005). *op. cit.*

111 GDP statistics from Bank of England, *The UK Recession in Context, 3 centuries of data*. M4 statistics from Bank of England interactive database, M4 (code LPQAUYN).

112 Huber, J., Robertson, J. (2000). *Creating New Money: A Monetary reform for the information age*. London: nef.

113 ECB Europe (2000). *op. cit.* p. 5.

114 英格兰银行估计纸币和硬币占流通货币的3%。参见: Berry, S., Harrison, R., Thomas, R., de Weymarn, I. (2007). Interpreting movements in Broad Money. *Bank of England Quarterly Bulletin* 2007 Q3, p. 377. Retrievable from http://www.bankofengland.co.uk/publications/quarterlybulletin/qb070302.pdf.

第4章

1 Galbraith, J. K. (1975). *Money: Whence it came, where it went*. London: Penguin, p. 50.

2 Dodd, N. (1994). *op. cit.* pp. 12.

3 Harvey, D. (2006/1982). *The Limits of Capital*. London: Verso.

4 Ingham, G. (2004). *The Nature of Money*. Cambridge: Polity Press.

5 Dodd, N. (1994). *op. cit.* p. xx.
6 Goodhart, C. A. E. (1989). *Money, Information and Uncertainty.* London: Macmillan, p. 100.
7 BIS (2003). *The role of central bank money in payments systems,* Basel: Bank for International Settlements. Retrievable from http://www.bis.org/publ/cpss55.pdf.
8 Office of Fair Trading (2008). *Personal Current Accounts* in the UK, p. 17. Retrievable from http://www.oft.gov.uk/shared oft/reports/financial_products/OFT1005.paf.
9 United States District Court, S. D. New York. *Re Libor-based financial instruments anti-trust litigation.* 2012 WL 1522306 (S. D. N. Y.) (Trial Pleading) Retrievable from http://newsandinsight.thomsonreuters.com/uploadedFiles/Reuters Content/2012/05-May/Libor Consolidated Amended Complaint.pdf.
10 Financial Times (2012). *Total overhaul for 'broken' Libor,* 28th September 2012.
11 Keynes J. M. (1930). *A Treatise on Money,* op. cit., Volume 1, p. 26.
12 Bank of England Annual Reports, 2000 – 01 to 2008 – 09. In each annual report, the Issue Department accounts state the amount payable to HM Treasury.
13 Robertson, J. and Huber, J. (2000). *Creating New Money.* London: nef. Retrievable from http://www.neweconomics.org/publications/creating-new-money.
14 *Ibid.* p. 80.
15 Werner, R. A. (2000). Japan's plan to borrow from banks deserves praise, *Financial Times,* 9th February 2000.
16 Werner, R. A. (2005). *New Paradigm in Macro-economics,* Basingstoke: Palgrave Macmillan.
17 *Ibid.* p. 2; see also Appendix, table 4, footnote 3, p. 89.
18 List of Reserve Scheme Participants. Retrievable from http://www.bankofengland.co.uk/markets/money/documentation.
19 Bank of England. *Payment Systems Oversight Report,* Retrievable from http://www.bankofengland.co.uk/publications/psor/index.htm.
20 Clews, R., Salmon, C., Weeken, O. (2010). The Bank's money market framework. *Bank of England Quarterly Bulletin* Q4: 292 – 301, p. 293.
21 Clews et al. (2010). *op. cit.*
22 *Ibid.* p. 295.
23 Werner, R. A. (2005). *op. cit.*
24 Werner, R. A. (2005). *op. cit.*

25 Werner, R. A. (1995). Keiki kaifuku, ryōteki kinyū kanwa kara, (How to Create a Recovery through"Quantitative Monetary Easing"), *The Nihon Keizai Shinbun* (Nikkei), "Keizai Kyōshitsu"("Economics Classroom"), 2 September 1995 (morning edition), p. 26; English translation by T. John Cooke (November 2011), retrievable from http://eprints.sQlon.ac.uk/340476/.

26 Werner, R. A. (1995). *op. cit.*

27 Voutsinas K. and Werner, R. A. (2010). The Effectiveness of"Quantitative Easing" and the Accountability of the Central Bank in Japan. Paper presented at *The 8th Infiniti Conference on International Finance*, Trinity College, Dublin, 14 – 15 June 2010; *The 27th Symposium in Money Banking and Finance*, Université Montesquieu-Bordeaux IV, 17 – 18 June 2010; *The MMF 2010 Annual Conference* at the Cyprus University of Technology, Limassol, 1 – 2 Sept. 2010.

28 Lyonnet, V. and Werner, R. A. (2011). *The Lessons from QE and Other"Unconventional"Monetary Policies-Evidence from the Bank of England*, CFS Working Paper No. 2011/29, June 29, 2011. Retrievable from https://www.ifk-cfs.de/fileadmin/downloads/publications/wp/2011/1129.pdf[accessed 5 September 2012].

29 Lyonnet, V. and Werner, R. A. (2011). *op. cit.*

30 Ben Bernanke (2009). Speech given at the London School of Economics on 15 January 2009.

31 Adapted from Bridge, J. and Thomas, R. (2012). *The impact of QE on the UK economy-some supporting monetarist arithmetic.* Bank of England, Working paper No. 442, January 2012. London: Bank of England.

32 Lyonnet V. and Werner, R. A. (2012). *Lessons from the Bank of England on"quantitative easing"and other"unconventional"monetary policies.* International Review of Financial Analysis, in press.

33 Financial Times. *Negative interest rates in the UK?.* May 15th 2012, Money Supply blog. Retrievable from http://blogs.ft.com/money-supply/2012/05/15/negative-interest-rates-in-the-uk/#axzz24wbFtZ4c [accessed 29 August 2012].

34 Bridge, J. and Thomas, R. (2012). *The impact of QE on the UK economy-some supporting monetarist arithmetic,* Working Paper No. 442, January 2012. London: Bank of England. Retrievable from http://www.bankofengland.co.uk/publications/Documents/worEingpapers/wp442.pdf [accessed 5 September 2012].

35 Lyonnet, V. and Werner, R. A. (2012). *op. cit.*

36 Binswanger, M. (2009). Is There a Growth Imperative in Capitalist Economies? a circular flow perspective, *Journal of Post-Keynesian Economics*, Volume 31, No. 4707, p. 713.

37 See also the explanation by campaigning group Positive Money. Retrievable from http://www.positivemoney.org.uk/how-banks-creat-money/balance-sheets/#destroying.

38 Binswanger, M. (2009). *op. cit.*

39 Goodhart, C. A. E. (1989). *op. cit.*

40 Werner, R. A. (2005). *op. cit.*

第5章

1 Hayek, F. (2008/1931). *Prices and Production*. Auburn, Alabama: Ludwig von Mises Institute, p. 289. Retrievable from http://mises.org/books/hayekcollection.pdf.

2 Goodhart, C. (2011). *The Basel Committee on Banking Supervision: A History of the Early Years, 1974 – 97* [Hardcover]. Cambridge University Press: Cambridge.

3 Werner, R. A. (2010a). *Comment: Strengthening the Resilience of the Banking Sector*, submission to the Basel Committee on Bank Supervision, April 2010. Retrievable from http://www.bis.org/publl bcbsl65/universityofsou.pdf.

4 Wernet, R. A. (2010b). A simple rule is needed to prevent future banking crises, Letter to the Editor. *Financial Times*, 17 November 2010.

5 D'Hulster, K. (2009). *The Leverage Ratior New Binding Limit on Banks*. Crisis Response, Note 11. Washington World Bank. Retrievable from http://rru.worldbank.org/documents/CrisisResponse.Note11.pdf.

6 Alessandri, P. and Haldane, A. G. (2009). *Banking on the State*, presentation delivered to the Federal Reserve Bank of Chicago twelfth annual International Banking Conference, p. 26.

7 Jenkinson, N. (2008). *Strengthening Regimes for Controlling Liquidity Risk: Some Lessons from the Recent Turmoil*. Speech given at the Euromoney Conference on Liquidity and Funding Risk Management, Hyatt Regency, London, 24 April 2008.

8 *Ibid.* p. 7.

9 Clews, R., Salmon, C., Weeken, O. (2010). The Bank's money market framework. *Bank of England Quarterly Bulletin* Q4: 292 – 301, p. 293.

10 Vbutsinas, K., Werner, R. A. (2011a). *New Evidence on the Effectiveness of Quantitative Easing in Japan*. Centre for Banking, Finance and Sustainable Development Discussion Paper. Southampton: University of Southampton, School of Management.

11 Lyonnet, V. Werner, R. A. (2011b). *Evidence on the Effectiveness of Quantitative Easing in the UK*. Centre for Banking, Finance and Sustainable Development Discussion Paper. Southampton: University of Southampton, School of Management, Forthcoming in International Review of Financial Analysis, 2012.

12 Financial Services Authority (2009, October). PS09/16: *Strengthening liquidity standards including feedback on CP08/22, CP09/13, CP09/14* (para 6. 27). Retrievable from http://www. fsa. gov. uk/Pages/Library/Policy/Policy/2009/09 16. shtml.

13 Financial Times (15 February 2011). *Liquidity gap yawns at new reserves clause*. Retrievable from http://www. ft. com/cms/s/0/a75dbab2-385a-lleo-959c-00144 feabdc0. html-axzzlMM2xl_hBr.

14 Board of Governors of the Federal Reserve System. Retrievable from http://www. Wderalreserve. gov/monetarypolicy/reservereq. htm-text2 [accessed 9 August 2011].

15 Financial Times (2011). *Regulators poised to soften new bank rules*, p. 17, September 6th 2011.

16 See, for example, the list provided by Turner, A. (2011). *Reforming finance: are we being radical enough?*, 2011 Clare Distinguished Lecture in Economics and Public Policy, Clare College, Cambridge, 18 February 2011.

17 Gorton, G. Metrick, A. (2010). *Regulating the shadow banking system*. London: Social Science Research Network.

18 Singh, M. Aitken, J. (2010). *The (sizable) role of rehypothecation in the shadow banking system*. IMF working paper WP/10/172.

19 Geithner, T. E (June 2008). *Reducing systemic risk in a dynamic financial system*. Remarks at the Economic Club of New York, New York.

20 Gorton, G. and Metrick, A. (2009). *Regulating the shadow banking system* NBER working paper 15223.

21 BBC, (2012). Libor scandal: *Paul Tucker denies"leaning on"Barclays*. Retrievable from http://www. bbc. co. uk/news/business-18773498.

22 Goodhart, C. A. E. (1989). Has Moore become too horizontal? *Journal of Post-*

Keynesian Economics 14: 134 – 136.

23 For an account of endogenous money: Parguez, A., Seccareccia, M. (2000). *The credit theory of money: the monetary circuit approach*, pp. 101 – 24, in Smithin (2000). op. cit.

24 Friedman, M. (1963). *Inflation: Causes and Consequences*. New York: Asia Publishing House.

25 Werner, R. A. (2003). *Princes of the Yen, Japan's Central Bankers and the Transformation of the Economy*, Armonk, New York: M. E. Sharpe.

26 Werner, R. A. (1995). *Liquidity Watch Report*. Tokyo: Jardine Fleming Securities.

27 Werner, R. A. (2003). op. cit.

28 Werner, R. A. (2005). op. cit.

29 Barro, R. Grossman, H. (1976). *Money, Employment and Inflation*. Cambridge: Cambridge University Press.

30 Mullbauer, J., Portes, R. (1978). Macro-economic models with quantity rationing. *Economic Journal*, 88: 788 – 821.

31 Malinvaud, E. (1977). *The Theory of Unemployment Reconsidered*, Oxford: Basil Blackwell.

32 Werner, R. A. (2005). op. cit. p. 193.

33 Milburn, A. (2009). *Unleashing Aspiration: Summary and recommendations of the full report*. The Panel on Fair Access to the Professions. London: Cabinet Office.

34 Goodhart, C. (1989). *Money, Information and Uncertainty*, Chapter VII: Credit Rationing.

35 Werner, R. A. (2005). op. cit. p. 193.

36 Stiglitz, J. and Weiss, A. (1981). Credit rationing in markets with imperfect information. *American Economic Review*, 71: 393 – 410.

37 Stigler, G. (1967). Imperfections in the Capital Market. *Journal of Political Economy*, June 1967, 85, 287 – 92.

38 Tucker, P. (2008). op. cit. p. 97.

39 Stiglitz, J. and Weiss, A. (1981). op. cit.

40 Bank of England Interactive Database "Annual amounts outstanding of UK residential monetary financial institutions lending" to respective sectors: codes RPQTBVD, RPQTBVE, RPQTBVF, RPAB6PT, RPAB8F, RPATBVI and RPATBUA. Adjustments were made to figures on secured lending (code RPATBVX) to reflect

changes in the Bank of England's reporting of covered bonds and securitised loans. Retrievable from http://www.bankofengland.co.uk/mfsd/iadb/notesiadb/Industrial.htm.

41 Blanchard, O. and Fischer, S. (1989). *Lectures on Macro-economics,* Cambridge, MA: MIT Press, p. 479, quoted in Werner, R. A. (2005). op. cit. p. 193.

42 Werner; R. A. (1997). Towards a new monetary paradigm: A quantity theorem of disaggregated credit, with evidence from Japan. *Kredit und Kapital* Volume 276 – 239. Retrievable from http://eprints.soton.ac.uk/36569/.

43 Werner, R. A. (2005). *op. cit.*

44 Bank of England. (2011). *Trends in Lending.* Retrievable from http://www.bankofengland.co.uk/publications/other/monetary/trendsinlending2011.htm [accessed 27 September 2012].

45 Mullbauer, J. and Portes, R. (1978). Macro-economic models with quantity rationing. *Economic journal,* 88: 788 – 821.

46 Werner, R. A. (2005). *op. cit.* p. 198.

47 Bank of England (2012). *Trends in Lending,* July 2012. Retrievable from http://www.bankofenglandco.uk/publications/Pages/Qther/monetary/trendsinlending.aspx [accessed 27 September 2012].

48 Fisher, I. (1911). *The purchasing power of money: Its determination and relation to credit interest and crises.* New York, Macmillan.

49 Kohn, D. (2009). *Monetary Policy Research and the Financial Crisis: Strengths and Shortcomings,* Speech by Vice Chairman Donald L. Kohn at the Federal Reserve Conference on Key Developments in Monetary Policy on 9 October 2009. Washington: Federal Reserve Board. Retrievable from http://www,federalreserve,gov/newsevents/speech/kohn20091009a.htm.

50 Buiter, W. (2009). The Unfortunate Uselessness of Most"State of the Art"Academic Monetary Economics, *Financial Times,* 3 March.

51 Werner, R. A., (1998). Bank of Japan window guidance and the creation of the bubble, in Rodao, F. and Lopez Santos, A. (eds.). *El japon Contemporaneo.* Salamanca: University of Salamanca Press.

52 Werner, R. A. (2003). *Princes of the Yen, Japan's Central Bankers and the Transformation of the Economy.* Armonk, New York. M. E. Sharpe, p. 288, footnote 21.

53 Werner, R. A. (2005). *op cit.*

54 Werner, R. A. (1992). *A Quantity Theory of Credit*. University of Oxford, Institute of Economics and Statistics, mimeo.

55 Werner, R. A. (1993). *Japanese Capital Flows: Did the World Suffer from Yen Illusion? Towards a Quantity Theory of Disaggregated Credit*.

56 Werner, R. A. (1997). *op cit*. pp. 276 – 309.

57 Werner, R. A. (2005). *op cit*.

58 Werner, R. A. (2011). Economics as if Banks Mattered—A Contribution Based on the Inductive Methodology, *Manchester School*, Volume 79, September, pp. 25 – 35. doi: 10.11 ll/j.1467 – 9957.2011.02265_5.x.

59 Werner, R. A. (2012). Towards a New Research Programme on"Banking and the Economy"—Implications of the Quantity Theory of Credit for the Prevention and Resolution of Banking and Debt Crises. *International Review of Financial Analysis*, 21 (in press), doi: 10.1016/j.irfa.2012.06.002.

60 Werner, R. A. (2005). op. cit.

61 Werner, R. A. (2002). Monetary Policy Implementation in Japan: What They Say vs. What they Do, *Asian Economic Journal*, Volume 16 no. 2. Oxford: Blackwell, pp. 111 – 51.

62 World Bank (1993). *The East Asian Miracle, Economic Growth and Public Policy*. Oxford: Oxfon University Press.

63 Chen, Y. and Werner, R. A. (2010). *The Monetary Transmission Mechanism in China*. Centre for Banking, Finance and Sustainable Development Discussion Paper. Southampton: School of Management, University of Southampton.

64 Werner, R. A. (2003). *Princes of the Yen, Japan's Central Bankersand the Transformation of the Economy*. Armonk, New York: M. E. Sharpe.

第6章

1 HM Treasury (1997). *The Future of the UK Government Debt and Cash Management: a response to consultation by HM Treasury*, 22nd December 1997. Retrievable from http://www.dmo.gov.uk/docs/publications/giltsmarket/consultationpapers/cons221297.pdf [accessed 30th August 2012].

2 Official Journal of the European Union (2008). Consolidated Version of the Treaty on the Functioning of the European Union. Article 130 (ex article 108 TEC). Re-

trievable from http://eur-lex. europa. eu/LexUriserv/LexUriServdo? uni = QI: C: 2008:115004:0199: EN: PDF[accessed 14 June2011].

3 *Ibid.*

4 Ingham, G. (2004). *The Nature of Money.* Cambridge: Polity Press.

5 Davies (1994). *op cit.* p.663.

6 Werner, R. A. (2005). *op. cit.* pp. 258 – 59.

7 Huber, J. and Robertson (2000). *Creating New Money.* London: nef. Retrievable from http:// www. neweconomics. org/publications/creating-new-money.

8 Werner, R. A. (2012a). Towards a new research programme on"banking and the economy"—Implications of the Quantity Theory of Credit for the prevention and resolution of banking and debt crises, *International Review of Financial Analysis,* forthcoming.

9 Werner, R. A. (2012b). *How to end the European crisis—at no further cost and without the need for political changes.* Southampton, University of Southampton (Centre for Banking, Finance and Sustainable Development Policy Discussion Paper, 2 – 12). Retrievable from http://eprints. soton. ac. uk/341650/.

10 Financial Times (5 August 2011). *Market Unimpressed by ECB action.* Retrievable from http:// www. ft. com/cms/s/0/fc04a956-bf71-11e0-898c-00144feabdc0, html-ixzzlULKrwIT9 [accessed 6 August 2011].

11 European Central Bank (7 August 2011). Press release, para 6.

12 Wray, Randall, L. (2012). *Modern Money Theory, A Primer on Macro-economics for Sovereign Monetary Systems.* Palgrave Macmillan: London.

13 UK Debt Management Office (n. d.). *Gilt Market: Market Participants.* Retrievable from http:// www. dmo. gov. uk/index, aspx? page = Gilts/Gemmsidb.

14 Spencer, R. W., and Yohe, W. R (1970). The"Crowding Out"of Private Expenditures by Fiscal Policy Actions, *Federal Reserve Bank of St. Louis Review,* October, pp. 12 – 24.

15 Werner, R. A. (2005). *op. cit.*

16 *Ibid.*

17 Werner, R. A. (1995). Keiki kaifuku, ryōteki kinyū kanwa kara, (How to Create a Recovery through"Quantitative Monetary Easing"), *The Nihon Keizai Shinbun (Nikkei),* "Kcizai Kyōshitsu"("Economics Classroom"), 2 September 1995 (morning edition), p. 26; English translation by T. I. John Cooke (November 2011). Retriev-

able from http://eprints.s8ton.ac.uk/340476/.
18 Werner, R. A. (2003). *Princes of the Yen.* Armonk, New York: Sharpe, M. E.
19 Kuznets, S. (1953). *Shares of Upper Income Groups in Income and Savings.* National Bureau of Economic Research, New York, NY; Brown, C., (2004). Does Income Distribution Matter for Effective Demand? Evidence from the United States, *Review of Political Economy,* Volume 16, Number 3, 291 – 307.
20 Werner, R., A. (2012c). *The Euro-crisis: a to-do-list for the ECB.* Southampton, University of Southampton (Centre for Banking, Finance and Sustainable Development Policy Discussion.
21 Werner (2012). *op. cit.*
22 Howson, S. K. (1988). Cheap Money and debt-management in Britain 1932 – 51, in Cottrell, P. L. and Moggridge, D. E. (Eds), *Money and Power: Essays in Honor of L. S. Pressnell.* London: Macmillan, p. 252 – 3.
23 Tiley, G. (2007). *Keynes Betrayed.* Palgrave Macmillan: London, p. 205.
24 Werner, R. A. (1994). *Liquidity Watch,* Jardine Fleming Securities (Asia) Ltd., May.
25 Werner, R. A. (1998). *Minkang inkoukarano kariire de keikitaisaku wo okonaeba issekinichou* (Effective stimulation policy via government borrowing from commercial banks), The Economist, 14 July 1998.
26 Werner, R. A. (2000). Japan's plan to borrow from banks deserves praise. *Financial Times,* 9 February 2000.
27 Prieg, L, Greenham, T. and Ryan-Collins (2011). *Quid Pro Quo: Redressing the Privileges of the Banking Industry.* London: nef.
28 Bank for International Settlements (2010). *Triennial central bank Survey of Foreign Exchange and Over-The-Counter Interest Rate Derivatives Market Activity in April 2010. Report on global foreign exchange market activity in 2010.* BIS-Monetary and Economic Department, p. 6.
29 Bank for International Settlements (2010). *op. cit.* p. 12.
30 Ostry D. et al. (2010). *Capital Inflows: The Role of Controls.* IMF Staff Position Note, 19 February 2010, SPN/10/04.
31 Lyonnet, V. and Werner, R. A. (2012). Lessons from the Bank of England on "Quantitative Easing" and other "Unconventional" Monetary policies. *International Review of Financial Analysis.* 21 (in press), doi: 10.1016/j.irfa,2012.08.001.

32 Voutsinas, K. and Werner, R. A. (2010). *New Evidence on the Effectiveness of "Quantitative Easing" and the Accountability of the Central Bank in Japan*, Centre for Banking, Finance and Sustainable Development, Discussion Paper, School of Management. University of Southampton, Southampton.

33 Ryan-Collins, J. (2010). Quantitative easing is stimulating commodity trading, not the real economy. London: nef.

34 Greenham T. (2012). Quantitative easing: a wasted opportunity. London: nef.

35 Davies, G. (2002). A *History of Money*. Cardiff: University of Wales Press, p. 27, p. 663.

第 7 章

1 Ingham, G. (2008). *Capitalism*. Cambridge: Polity Press, p. 53.

2 Ingham, G. (2004). *op. cit.*, p. 128.

3 Thiel, V. (2009). *Doorstep Robbery*. London: nef.

4 Goodhart, C. A. E. (1975). *Monetary Relationships: A View from Threadneedle Street*. Papers in Monetary Economics, Reserve Bank of Australia.

5 Leyshon and Thrift (1997). *op. cit.*, p. 294.

6 Dodd, N. (1994). *op. cit.* p. xix.

7 Keynes, J. M. (1930). *op. cit.*

8 Carruthers, B. G. (2005). *The Sociology of Money and Credit*. In Smelser, N. J., Swedberg, R. (eds). *The Handbook of Economic Sociology*, 2nd Edition. Princeton: Russell Sage Foundation.

9 Minsky, H. P (2008/1986). *Stabilizing an Unstable Economy*. New York: McGraw Hill.

10 Knapp (1905). *op. cit.* p. 45.

11 Ingham, G. (2004). *op. cit.*

12 Keynes, J. M. (1930). *op. cit.*, p. 3.

13 Mellor. (2010). *op. cit.*

14 For more detailed formulae, see: Werner, R. A. (2005). *op. cit.*

15 Reinhart, C. M., Rogoff, K, S. (2009). *This Time is Different: Eight Centuries of Financial Folly*. Princeton: Woodstock.

16 Werner, R. A. (2009). *Can credit unions create credit? An analytical evaluation of a*

potential obstacle to the growth of credit unions. Discussion Paper Series, No. 2/09. Southampton: Centre for Banking, Finance and Sustainable Development, University of Southampton.

17 Werner, R. A. (2010). *Comment: Range of Methodologies for Risk and Performance Alignment of Remuneration.* Submission to the Basel Committee on Banking Supervision, 31 December 2010. Retrievable from http://www.bis.org/publ/bcbsl78/richardwerner.pdf.

18 Simms, A. (2008) *The Green New Deal.* London: nef, retrievable from http://www.neweconomics.org/projects/green-new-deal [accessed 4th September 2011].

19 Jauncey, L. C. (1993). *Australia's Government Bank.* Cranby and Day: London, p. 275.

20 Greasley, D. and Oxley, L. (2002). Regime shift and fast recovery on the periphery: New Zealand in the 1930s. *The Economic History Review* 55(4): 697–720.

21 Hawke, G. R. (1973). *Between governments and banks; a history of the Reserve Bank of New Zealand.* Wellington, Shearer, A. R., Govt, printer., p. 85.

22 Ferguson, D. A. (1948). The Industrial Development Bank of Canada, *The Journal of Business of the University of Chicago,* Volume 21, No. 4 (October 1948), pp. 214–29.

23 Clark, R. E. (1985). *The IDB: A history of Canada's Industrial Development Bank,* Published for the Federal Business Development Bank by University of Toronto Press.

24 The Guardian (2012). Vince Cable reveals £1bn backing for business bank to help small firms, 24 September 2012, retrievable from http://www.guardian.co,uk/politics/2012/sep/24/vince cable-small-business-baakl [accessed 1st October 2012].

25 See example proposals for "Green Quantitative Easing", retrievable from-http://www.greennewdealgroup.org/?p=175 and http://www.neweconomics.org/blog/2012/07/05/quantitative-easing-a-wasted-opportunity.

26 Peston, R. (n. d.). How Credit Easing Works, *BBC News,* http://www.bbc.co.uk/news/business-17437484.

27 Graeber, D. (2011). *Debt: The First 5000 years,* Melville House Publishing: Brooklyn, New York.

28 Wray, R. (1998). *Understanding Modern Money: The Key to full-employment and*

price stability, Cheltenham: Edward Elgar.
29. Innes, A. M. (1913). What is Money. *Banking Law Journal* (May 1913): 377 – 08.
30. Carruthers, B. G. and Babb, S. (1996). The Colour of Money and the Nature of Value: Greenbacks and Gold in Postbellum America, *American Journal of Sociology*, 1010: 1556 – 91.
31. Davies, G. (2002). *A History of Money*. Cardiff: University of Wales Press, p. 27 and p. 663.
32. Werner, R. A. (2005). *New Paradigm in Macro-economics*, Palgrave Macmillan: London, p. 258 – 59.
33. Fisher, I. (1936). 100% Money and the Public Debt. *Economic Forum*, Spring Number, April-June 1936, 406 – 20.
34. Friedman, M(1960). *A Program for Monetary Stability*. New York: Fordham University.
35. Simons, Henry C. (1948). *Economic Policy for d Free Society*. University of Chicago Press: Chicago, Illinois, pp. 165 – 248.
36. Tobin, J. (1985). Financial Innovation and Deregulation in Perspective. *Bank of Japan Monetary and Economic Studies*, 3, 19 – 29.
37. Daly, H. (1999). *Ecological Economics and the Ecology of Economics*. Edward Elgar.
38. Benes, J., and Kumhoff, M. (2012). The Chicago Plan Revisited, IMF Working Paper 12/202. retrievable from http://www.imf.org/external/pubs/ft/wp/2012/wpl2202.pdf.
39. Dyson, B., Greenham, T., Ryan-Collins, J. and Werner, R., A. (2010). *Towards a Twenty-First Century Banking and Monetary System: Submission to the Independent Commission on Banking*. London: nef retrievable from http://www.neweconomics.org/sites/neweconomics.org/files/Submission-ICB-Positive-Money-nef-Soton-Uni.pdf.
40. Huber, J., and Robertson, J. (2000). *Creating New Money*. London: nef. Retrievable from http://www.neweconomics.org/publications/creating-new-money.
41. Rochford, S., von Gunten, C., Mainelli, M. and Harris, L (2012). *Capacity, Trade and Credit: Emerging Architecture for Commerce and Moneys*. London: Z/Yen Group.
42. Fisher, I. (1933). *Stamp Scrip*. New York; Adelphi Company; Publishers; Copyright 1933, retrievable from http://userpage.fu-berlin.de/roehrigw/Esker/.

43 Lietaer, B. , Hallsmith, G. (2011). *Creating Wealth. Growing Local Economies with Local Currencies,* New Society Publishers, p. 117.

44 Stodder, J. (2009). Complementary credit networks and macro-economic stability: Switzerland's Wirtschaftsring, *Journal of Economic Behaviour & Organisation,* 72 (2009), p. 79 –95.

45 Lietaer, B. , Arnsperger, C. , Goerner, S. and Brunnhuber, S. (2012). *Money and sustainability: The Missing Link,* Triachy Press: Club of Rome, retrievable from http://www. clubofrome. org/? p = 4478.

46 Galbraith, J. K. (1975). *Money: Whence it came, where it went.* London: Penguin, pp. 18 –9.

附录

1 Fisher, P. (2011). *Recent developments in the sterling monetary framework.* London: Bank of England, p. 9. available online at http://www. bankofengland. co. uk/publications/Documents/speeches/20117speech487. pdf.

2 Clews *et al.* (2010). op. *cit.* pp. 292 –301.

3 Chart reproduced from speech by: Fisher (2011). *op. cit.*

4 Mac Gorain, S. (2005). Stabilising short-term interest rates, *Bank of England Quarterly Bulletin,* Q4: 2005.

5 Tucker, P. (2004). Managing the central bank's balance sheet: where monetary policy meets financial stability. *Bank of England Quarterly Bulletin,* Q3: 2004 pp. 369 – 382.

6 *Ibid.* p. 367.

7 Chart reproduced from speech by: Fisher (2011). *op. cit.*

8 HM Government, *Consolidated Fund A ccount* 2009 – 10, p. 2. Retrievable at http://www. official-documents. gov. uk/document/hcl011/hc04/040&/0406. pdf.

9 Adapted from presentation by Riddington, T. (2007). *UK Government Accounts: The Exchequer Pyramid.* London: DMO.

10 HM Treasury (2010). *National Loans Fund Account 2009 – 10.* London: The Stationery Office p. 2. available online at http://www. official-documents. gov. uk/document/hcl011/hc04/0409/0409. pdf.

11 *Ibid.* p. 2.

12 DMO (2004). *A guide to the roles of the Debt Management Office and Primary Dealers in the UK Government bond market.* London: DMO, p. 26, para 124.
13 HM Treasury (2011). *Debt and Reserves Management Report 2010 – 2011*, p. 28. London: HM Treasury, available online at http://cdn. hm-treasury. gov. uk/2011budget debtreserves. pdf.
14 *Ibid.* p. 22, para 108.
15 National Audice (2009). *Government cash management.* Appendices 2 – 8. Retrievable from http://www. nao. org. uk/publications/0809/cash management. aspx.
16 *Ibid.* p. 14.
17 United Kingdom Debt Management Office (2012). *Annual Report and Accounts 2011 – 2012 of the United Kingdom Debt Management Office and the Debt Management Account,* Debt Management Account Statement of financial position, p. 90. London: HM Treasury, available online at http://www. official-documents. gov. uk/document/hc1213/hc04/0458/0458. pdf.
18 HM Treasury, (2011) *UK Official holdings of international reserves.* London: HM Treasury. Retrievable from http://www. hm-treasury. gov. Uk/d/pn 3711. pdf.
19 HM Treasury. *Exchange Equalisation Account: Report and Accounts* 2009 – 10. London: HM Treasury, para 6.
20 HM Treasury (2012), *Exchange Equalisation Account: Report and Accounts 2011 – 12*, Statement of Financial Position, p. 24. London: HM Treasury, available online at http://www. hm-treasury. gov. uk/d/eea accounts 201112. pdf.
21 *Ibid.* para 1.
22 *Ibid.* para 18.
23 *Ibid.* para 54.
24 *Ibid.* paras 2 and 3.
25 Letter to the Governor on the new Monetary Policy Framework, May 1997.
26 The Bank of England (Market Notice). Retrieved from http://www. bankofengland. co. uk/markets/reserves/marketnotice110228. pdf.
27 HM Treasury (2010). *Exchange Equalisation Account: Report and Accounts 2009 – 10*, para 16. London: HM Treasury, available online http://www. hm-treasury. gov. Uk/d/eea accounts 200910. pdf.
28 Bank for International Settlements (2008). *Committee on Payment and Settlement Systems. Progress in reducing foreign exchange settlement risk.* BIS—Monetary and

Economic Department, p. 5.

29 Lindley, R. (2008). Reducing foreign exchange settlement risk. *BIS Quarterly Review* p. 56.

30 Bank for International Settlements (2008). *BIS Quarterly Review,* p. 55.

31 Bank for International Settlements (2000). *Supervisory Guidance for Managing Settlement Risk in Foreign Exchange Transactions.* BIS—Monetary and Economic Department, p. 11.

32 CLS (2011). *CLS market share report.* February 2011 p. 1.

33 Bank of England (2003). *Strengthening financial infrastructure—Financial Stability Review: June 2003.* London: Bank of England, p. 81.

34 Bank of England (March 2011). *Payment Systems Oversight Report 2010, March 2011.* London: Bank of England, p. 17.

35 Bank of England (September 2009). *The Bank of England's oversight of interbank payment systems under the Banking Act 2009.* London: Bank of England, p. 8.

36 Lindley (2008). *op. cit.*

37 CLS Bank (n. d). *About us.* Retrieved from http://www.cls-group.com/Publications/CLS About Us.pdf.

38 Bank for International Settlements (2008). *Committee on Payment and Settlement Systems. Progress in reducing foreign exchange settlement risk.* Location: BIS-Monetary and Economic Department, p. 23.

参考文献

Alessandri, P. , and Haldane, A. G. (2009). *Banking on the State,* presentation delivered to the Federal Reserve Bank of Chicago twelfth annual International Banking Conference.

Bank for International Settlements (2003). *The role of central bank money in payments systems,* Basel: Bank for International Settlements. Retrievable from http://www.bis.org/publ/cpss55.pdf.

Bank for International Settlements (2008). *BIS Quarterly Review.* Basel: BIS—Monetary and Economic Department.

Bank for International Settlements (2008). *Committee on Payment and Settlement Systems. Progress in reducing foreign exchange settlement risk.* Basel: BIS—Monetary and Economic Department.

Bank for International Settlements (2010). *Supervisory Guidance for Managing Settlement Risk in Foreign Exchange Transactions.* Basel: BIS—Monetary and Economic Department.

Bank for International Settlements (2010). *Triennial Central Bank Survey of Foreign Exchange and Over-The-Counter Interest Rate Derivatives Market Activity in April* 2010. Basel: BIS-Monetary and Economic Department.

Bank of England (2003). *Strengthening financial infrastructure—Financial Stability Review: June 2003.* London: Bank of England. Retrievable from http://www.bankofbngland.co.uk/publications/psor/index.htm.

Bank of England (2009). *The Bank of England's oversight of interbank payment systems under the Banking Act 2009*. London: Bank of England.

Bank of England (2011). *Market Notice 110228*. Retrievable at http://www.bankofeingland.co.uk/markets/reserves/marketnotice110228.pdf.

Bank of England (2011). *Payment Systems Oversight Report 2010*. London: Bank of England.

Bank of England (2011). *Trends in Lending*. London: Bank of England. Retrievable from http://www.bankofengland.co.uk/publications/other/monetary/trendsinlending2011.htm.

Barro, R., Grossman, H. (1976). *Money, Employment and Inflation*. Cambridge: Cambridge University Press.

Barry J. Eichengreen, B. J. (2008). *Globalizing capital: a history of the international monetary system*. Princeton University Press; 2nd edition.

Berry, S., Harrison, R., Thomas, R., de Weymarn, L. (2007). Interpreting movements in Broad Money. *Bank of England Quarterly Bulletin* 2007 Q3, p. 377. Retrieved from http://www.bankofengland.co.uk/publications/quart&lybulletin/qb07b362.pdf.

Blanchard, O., Fischer, S. (1989). *Lectures on Macro-economics*, Cambridge, MA: MIT Press.

Bundesbank (2009). *Geld und Geldpolitik,* as cited and translated by Werner, R. A. (2009). Topics in Monetary Economics, Lecture Slides for Master in Money and Finance. Frankfurt: Goethe University.

Burgess, S., Janssen, N. (2007). Proposals to modify the measurement of broad money in the United Kingdom: A user-consultation. *Bank of England Quarterly Bulletin* 2007 Q3, p. 402. Retrieved from http://www.bankofengland.co.uk/pubiications/quarterlybulletin/qb070304.pdf.

Carruthers, B. G. (1996). *City of Capital*. Princeton: Princeton University Press.

Carruthers, B. G. (2005). The Sociology of Money and Credit. In Smelser, N. J., Swedberg, R. (eds). *The Handbook of Economic Sociology*, 2nd Edition, Princeton: Russell Sage Foundation.

Chen, Y., Werner, R. A. (2010). *The Monetary Transmission Mechanism in China*. Centre for Banking, Finance and Sustainable Development Discussion Paper. Southampton: School of Management, University of Southampton.

Choudhri, E., Kochin, L. A. (1980). The Exchange Rate and the International Transmission of Business Cycle Disturbances: Some Evidence from the Great Depression. *Journal of Money, Credit, and Banking* 12: 565 – 574.

Clews, R., Salmon, C., Weeken, O. (2010). The Bank's money market framework. *Bank of England Quarterly Bulletin* Q4: 292 – 301.

Clower, R. (1967). A reconsideration of the microfoundations of money. *Western Economics Journal*. Retrieved from http://www.carlostrub.ch/sites/default/files/Clowerl9b7.pdf.

CLS Bank (n.d.). *About us*. Retrievable from http://www.cls-group.com/Publications/CLS%20About%20Us.pdf.

CLS Bank (2011). *CLS market share report*, February 2011.

Cobbett, W. (1828). *Paper Against Gold*. New York: John Doyle.

Credit Suisse (2009). *Market Focus—Long Shadows: Collateral Money, Asset Bubbles and Inflation*. Fixed Income Research, Market Focus, May 5, 2009.

Croome, D. R., Johnson, G. J. (eds), (1970). *Money in Britain 1959 – 69: The papers of the "Radcliffe report—ten years after" conference at Hove, Sussex*, October 1969. London: Oxford University Press.

Davies, G. (2002). *A History of Money*. Wales: University of Wales Press.

Davies, R., Richardson, R, Katinatire, V. and Manning, M. (2010). Evolution of the UK Banking System. *Bank of England Quarterly Bulletin* 4: 321 – 332. Retrievable from http://www.bankofengland.co.uk/publications/quartedybulletin/qbl004.pdf.

Debt Management Office (2004). *A guide to the roles of the Debt Management Office and Primary Dealers in the UK Government bond market.* London: DM0.

Dodd, N. (1994). *The Sociology of Money,* Cambridge: Polity Press.

Eichengreen, B., Sachs, J. (1985). Exchange Rates and Economic Recovery in the 1930s. *Journal of Economic History* 45: 925 – 946.

El Diwany, T. (2003). *The Problem with Interest,* 2nd Edition. London: Kerotac.

ESCP Europe/Cobden Centre, (June 2010). *Public attitudes to banking.* Retrieved from www.cobdencentre.org.

Febrero E. (2009). Three difficulties with neo-chartalism. *Journal of Post Keynesian Economics.* N York: M. E. Sharpe, Inc. 31(3): 523 – 541.

Ferguson, N. (2008). *The Ascent of Money: A Financial History of the World.* London: Penguin.

Financial Times (5 August 2011). *Market Unimpressed by ECB action.* Retrievable from http://www.ft.com/cms/s/0/fc04a956-bf71-lle0-898c-00144feabdc0.html#ixzzlULKrwIT9 [accessed 6 August 2011].

Financial Times (15 February 2011). *Liquidity gap yawns at new reserves clause.* Retrievable from http://www.ft.eom/cms/s/0/a75dbab2-385a-ile0-959c-00144feabdc0.html#axzzlMM2xlhBr[accessed 14 May 2011].

Friedman, M. (1963). *Inflation: Causes and Consequences.* New York: Asia Publishing House.

Galbraith, J. K. (1975). *Money: Whence it came, where it went.* London: Penguin

Geithner, T. E. (June 2008). *Reducing systemic risk in a dynamic financial system.* Remarks at the Economic Club of New York, New York.

Goodhart, C. A. E. (1975). *Monetary Relationships: A View from Threadneedle Street.* Papers in Monetary Economics. Syndey: Reserve Bank of Australia.

Goodhart, C. A. E. (1989). Has Moore become too horizontal? *Journal of Post-Keynesian Economics* 14: 134 – 136.

Gorton, G., Metrick, A. (2010). *Regulating the shadow banking system*. London: Social Science Research Network.

Graeber, D. (2011). *Debt: The First 5000years*. New York: Melville House Publishing.

Grierson, P. (1977). *The Origins of Money*. London: Athlone Press.

Hahn, E, Brechling, F. P. R. (eds) (1965). *Theory of Interest Rates: proceedings of a conference held by the International Economic Association*. London: Macmillan.

Harvey, D. (2006/1982). *The Limits of Capital*. London: Verso.

Hayek, F. (2008/1931). *Prices and Production*. Auburn, Alabama: Ludwig von Mises Institute, p. 289. Retrievable from http://mises.org/books/hayekcollection.pdf[accessed 6 June 2011].

HM Government (2010). *Consolidated Fund Account 2009 – 10*. Retrievable at www.official-documents.gov.uk/document/hc1011/hc04/0406/0406.pdf.

HM Treasury (2011). *UK Official holdings of international reserves*. London: HM Treasury. Retrievable from http://www.hm-treasury.gov.uk/d/pn 3711.pdf.

HM Treasury (2010). *Exchange Equalisation Account: Report and Accounts 2009 – 10*. London: HM Treasury.

Huber, J., Robertson, J. (2000). *Creating New Money: A Monetary reform for the information age*. London: nef (the new economics foundation).

Huerta de Soto (2006/1998). *Money, Credit and Economic Cycles*, 2nd English edition, Auburn, Alabama: Ludwig von Mises Institute.

Independent Commission on Banking (2010). *Interim paper: Consultation on reform options*, p. 16, paragraph 8. Retrieved from http://s3-eu-west-1.amazonaws.com/htcdn/

Interim-Report-110411. pdf[accessed 22 August 2011].

Independent Commission on Banking (2010). *Issues Paper: Call for Evidence*, pp. 144 – 5. Retrieved from http://bankingcommission.independent.gov.uk/wp-content/uploads/2010/07/Issues-Paper-24-September-2010.pdf [accessed 22 August 2011].

Ingham, G. (2004). *The Nature of Money*. Cambridge: Polity Press.

Ingham, G. (2008). *Capitalism*. Cambridge: Polity Press.

Innes, A. M. (1913). What is Money? *Banking Law and Journal*. May: 377 – 408.

Jenkinson, N. (2008). *Strengthening Regimes for Controlling Liquidity Risk: Some Lessons from the Recent Turmoil*. Speech given at the Euromoney Conference on Liquidity and Funding Risk Management. Hyatt Regency. London, 24 April 2008.

Jevons, W. S. (1896/1875). *Money and the Mechanism of Exchange*. New York: Appleton and Company.

Keynes, J. M. (1930). *A Treatise on Money: Vol 1, A Pure Theory of Money*.

Keynes, J. M. (2008/1936). *The General Theory of Employment, Interest and Money*. BN Publishing.

King, M. (1994). The transition mechanism of monetary policy. *Bank of England Quarterly Bulletin*, August 1994, p. 264. Retrieved from http://www.bankofiengland.co.uk/publications/quarterlybulletin/qb940301.pdf.

Knapp, G. E. (1905). *The State Theory of Money*. London: Macmillan.

Lapavitsas, C. (2005). The emergence of money in commodity exchange, or money as monopolist of the ability to buy. *Review of Political Economy* 17(4): 549 – 569.

Leyshon, A., Thrift, N. (1997). *Money/Space: Geographies of Monetary Transformation*. Routledge: London.

Lindley, R. (2008). Reducing foreign exchange settlement risk. *BIS Quarterly Review*, p. 56.

Lyonnet, V. and Werner, R. A. (2012). *Evidence on the Effectiveness of Quantitative Easing in the UK*. Centre for Banking, Finance and Sustainable Development Discussion Paper. Southampton: University of Southampton, School of Management. Forthcoming in *International Review of Financial Analysis*, 2012.

MacGorain, S. (2005). Stabilising short-term interest rates, *Bank of England Quarterly Bulletin*, Q4: 2005.

Malinvaud, E. (1977). *The Theory of Unemployment Reconsidered*. Oxford: Basil Blackwell.

Marshall, A. (1996/1899). Evidence to the Indian Currency Committee in Marshall, A. (n. d.). *Correspondence of Alfred Marshall, Economist. Vol: II, 1891 – 1902 at the Summit*. Cambridge: Cambridge University Press.

Marx, K. (1894). *Capital. Volume III*, part V, Chapter 29. Harmondsworth: Penguin. Retrieved from http://ww.marxists.org/archive/marx/works/1894-c3/ch29.htm.

Marx, K. (1976/1867). *Capital. Volume. I*. Harmondsworth: Penguin.

McKenna, R. (1928). *Post-war Banking Policy*, p. 93.

Mellor, M. (2010). *The Future of Money: From Financial Crisis to Public Resource*. London: Pluto Press.

Menger, C. (1892). On the Origins of Money. *Economic Journal* 2: 239 – 255.

Mill, J. S. (1871/1848). *Principles of Political Economy*. London; Longmans, Green and Co.

Minsky, H. P. (2008/1986). *Stabilizing an Unstable Economy*. Yale: McGrawhill.

Monetary Policy Committee and Bank of England (1999). *The Transmission mechanism of monetary policy*. London: Bank of England. Retrievable from http://www.bankofengland.co.uk/pubiications/Documents/other/monetary/montrans.pdf.

Mosier, W. (2010). *Seven Deadly Innocent Frauds of Economic Policy*. US Virgin

Islands: Valance Co.

Mullbauer, J., Portes, R. (1978). Macroeconomic models with quantity rationing. *Economic Journal* 88: 788 – 821.

National Audit Office(2009). *Government cash management.* Appendices 2 – 8. Retrievable from http://www.nao.org.uk/publications/0809/cash management.aspx [accessed 3 August 2011].

Nichols, D. M. (1992/1961). *Modern Money Mechanics: A workbook on Bank Reserves and Deposit Expansion.* Chicago: Federal Reserve Bank of Chicago. Retrieved from http://www.archive.org/stream/ModernMoneyMechanics/MMM#page/nl/mode/2up [accessed 29 April 2011].

Office of Fair Trading(2008). *Personal Current Accounts in the UK,* p. 17. Retrievable from http://www.oft.govuk/shared oft/reports/Enancial products/OFT1005.pdf.

Pettifor, A. (2006). *The Coming First Wold Debt Crisis.* London: Palgrave Macmillan.

Pigou, A. C. (1949). *The Veil of Money.* London: Macmillan.

Pressnell, L. S. (1956). *Country Banking in the Industrial Revolution.* Oxford: University Press/Clarendon Press.

Radford, R. A. (1945). The Economic Organisation of a POW Camp. *Econometrica,* Volume 12.

Reinhart, C. M., Rogoff, K, S. (2009). *This Time is Different: Eight Centuries of Financial Folly.* Princeton: Woodstock.

Riddington, T. (2007). *UK Government Accounts: The Exchequer Pyramid.* London: DMO.

Rothbard, M. (1974). *The Case for a 100 Percent Gold Dollar.* Washington, DC: Libertarian Review Press.

Rowbotham, M. (1998). *The Grip of Death.* Oxford: John Carpenter Publishing.

Schumpeter, J. (1994/1954). *History of Economic Analysis.* New York: Oxford University Press.

Sidrauski, M. (1967). Rational choice and patterns of growth in a monetary economy. *American Economic Review* 57(2): 534–544.

Simmel, G. (2004/1907). *The Philosophy of Money*, 3rd Edition. London: Routledge.

Singh, M. Aitken, J. (2010). *The (sizable) role of re-hypothecation in the shadow banking system*. IMF working paper, WP/10/172. Washington: IMF.

Stigler, G. (1967). Imperfections in the Capital Market. *Journal of Political Economy*. June 1967, 85: 287–92.

Stiglitz, J., Weiss, A. (1981). Credit rationing in markets with imperfect information. *American Economic Review* 71: 393–410.

Thiel, V. (2009). *Doorstep Robbery*. London: nef.

Tucker, P. (2004). Managing the central banks balance sheet: where monetary policy meets financial stability. *Bank of England Quarterly Bulletin* Q3: 364.

Tucker, P. (2008). Money and Credit: Banking and the macro-economy. Speech given at the monetary policy and markets conference, 13 December 2007. *Bank of England Quarterly Bulletin* 2008, QI: 96–106. Retrieved from http://www.bankofengland.co.uk/publications/speeches/2Q07/speech § 3Lpdf.

Turner, A. (2011). *Reforming finance: are we being radical enough?* Clare Distinguished Lecture in Economics and Public Policy, 18 February 2011. Clare College: Cambridge.

Voutsinas, K., Werner, R. A. (2011a). *New Evidence on the Effectiveness of Quantitative Easing in Japan*. Centre for Banking, Finance and Sustainable Development Discussion Paper. Southamption: University of Southampton, School of Management.

Walker D. (ed.). *Money and Markets*, Cambridge: Cambridge University Press.

Walras, L. (1954/1874). *Elements of Pure Economics*. London: Allen & Unwin.

Werner, R. A. (1995a). *Liquidity Watch report.* Tokyo: Jardine Fleming Securities.

Werner, R. A. (1995b). *Keiki kaifuku, ryōteki kinyū kanwa kara, (How to Create a Recovery through"Quantitative Monetary Easing")*, The Nihon Keizai Shinbun (Nikkei), "Keizai Kyōshitsu"("Economics Classroom"). 2 September 1995 (morning edition), p. 26; English translation by T. John Cooke (November 2011). Retrievable from http://eprints. soton. ac. uk/340476/.

Werner, R. A. (1998). Bank of Japan window guidance and the creation of the bubble, in Rodao, Eand A. Lopez Santos (eds.), *El Japon Contemporaneo.* Salamanca: University of Salamanca Press.

Werner, R. A. (1997). Towards a new monetary paradigm: A quantity theorem of disaggregated credit, with evidence from Japan. *Kredit und Kapital Vol:* 276 – 239. Retrievable from http://eprints. soton. ac. uk/36569/.

Werner, R. A. (2003). *Princes of the Yen, Japans Central Bankers and the Transformation of the Economy.* New York: M. E. Sharpe.

Werner, R. A. (2002). "Monetary Policy Implementation in Japan: What They Say vs. What they Do". *Asian Economic Journal.* Volume 16, no. 2. Oxford: Blackwell, pp. 111 – 151.

Werner, R. A. (2005). *New Paradigm in Macro-economics.* Basingstoke: Palgrave Macmillan.

Werner, R. A. (2009). *Can credit unions create credit? An analytical evaluation of a potential obstacle to the growth of credit unions.* Discussion Paper Series, No. 2/09. Southampton: Centre for Banking, Finance and Sustainable Development, University of Southampton.

Werner, R. A. (2010). *Comment: Range of Methodologies for Risk and Performance Alignment of Remuneration.* Submission to the Basel Committee on Banking Supervision, 31 December 2010. Retrievable from http://www. bis. org/publ/bcbsl78/richardwerner. pdf.

Werner, R. A. (2010a). *Comment: Strengthening the Resilience of the Banking Sector.* Submission to the Basel Committee on Bank Supervision, April 2010. Retrievable from http://www.bis.org/publ/bcbsl65/universityofsou.pdf.

Werner, R. A. (2010b). Comment: A simple rule is needed to prevent future banking crises. Letter to the Editor, *Financial Times*, 17 November 2010.

Werner, R. A. (2011). Economics as if Banks Mattered—A Contribution Based on the Inductive Methodology. *Manchester School*, Volume 79. September, pp. 25 – 35. doi: 10.1111/j.1467-9957.2011.02265_5.x.

Werner, R. A. (2012). Towards a New Research Programme on "Banking and the Economy" Implications of the Quantity Theory of Credit for the Prevention and Resolution of Banking and Debt. *International Review of Financial Analysis (In Press)*.

Withers, H. (1909). *The Meaning of Money.* London: Smith and Elder.

World Bank (1993). *The East Asian Miracle, Economic Growth and Public Policy.* Oxford: Oxford University Press.

Wray, L. R. (1998). *Understanding Modern Money: The Key to Full Employment and Price Stability*, Cheltenham: Edward Elgar.

致　谢

感谢 Ben Dyson 在本书写作过程中做出的富有价值的贡献。

感谢 Victoria Chick、Jon Relleen、James Meadway、Charles Goodhart、Mark Burton 和 Sue Charman 给予的有益见解和评论。

感谢 Angie Greenham 在编辑、打样和出版方面，以及 Peter Greenwood 在设计和排版方面提供的宝贵帮助。

最后，向 James Bruges 和 Marion Wells 表达我们的感激，没有他们本书将无法完成。